MW01631475
BROOKLYN BOOK BODEGA
This Book Belongs To:
BROOKLYN BOOK BODEGA

À Léa,

Merci à Marie-Dominique de Teneuille,
Béatrice Foulon, Frédérique Kartouby,
Hugues Charreyron et Annick Duboscq.

Dans la même collection
Mon petit Centre Pompidou
Mon petit Louvre
Mon petit Picasso
Mon petit Guimet
Mon petit Cluny
Mon petit quai Branly
Ma petite Orangerie
Mon petit Versailles
Mon Luxembourg

Conception graphique et mise en pages : Chloé Bureau du Colombier
Photogravure : Haudressy
Impression : Imprimerie Gibert Clarey, Chambray-lès-Tours, France

En couverture :
détail du *Ballon* de Félix Vallotton

© 2001 – ADAGP, Paris
© 2001 – Réunion des musées nationaux – Grand Palais
254-256 rue de Bercy
75012 Paris

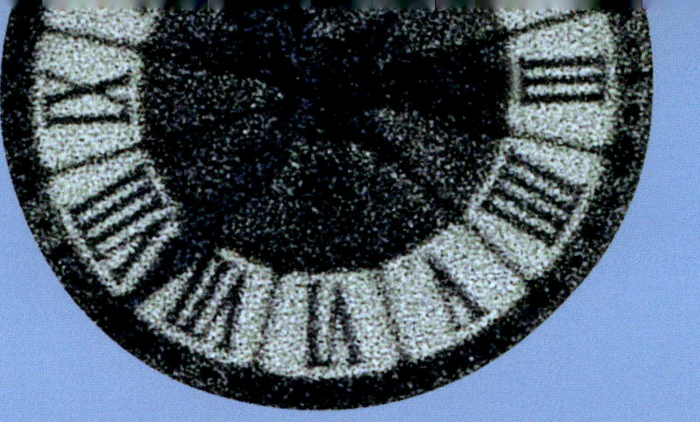

Marie Sellier

Mon petit Orsay

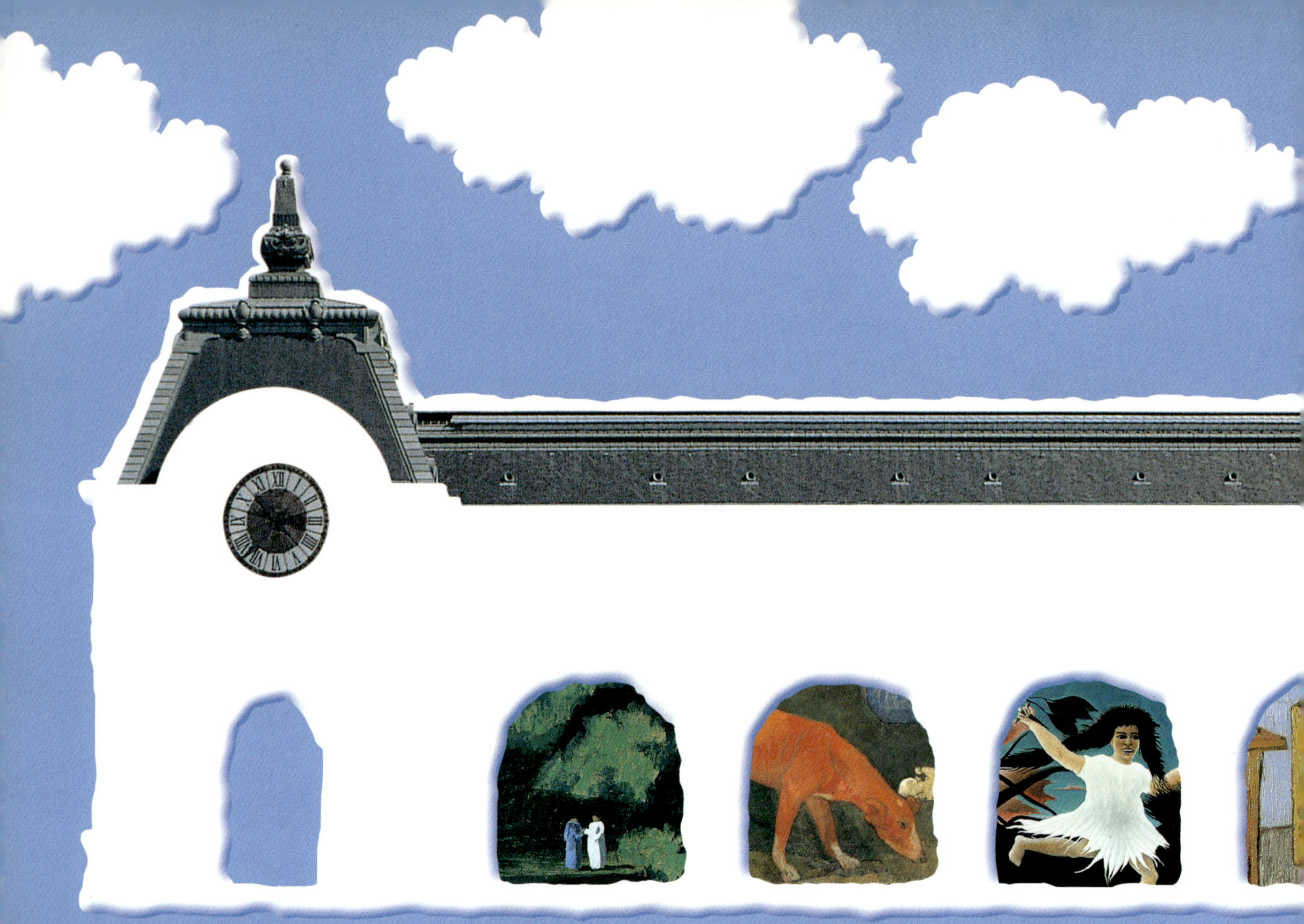

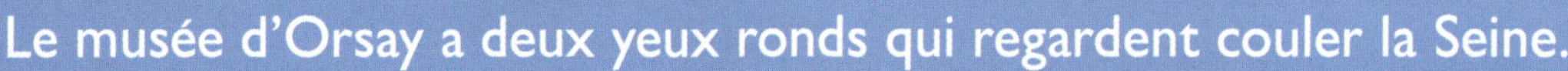

Le musée d'Orsay a deux yeux ronds qui regardent couler la Seine.

Des yeux ? Non, des horloges !

Deux grosses horloges rondes.

Pourquoi des horloges ? Quelle question !

Pour ne pas rater son train !

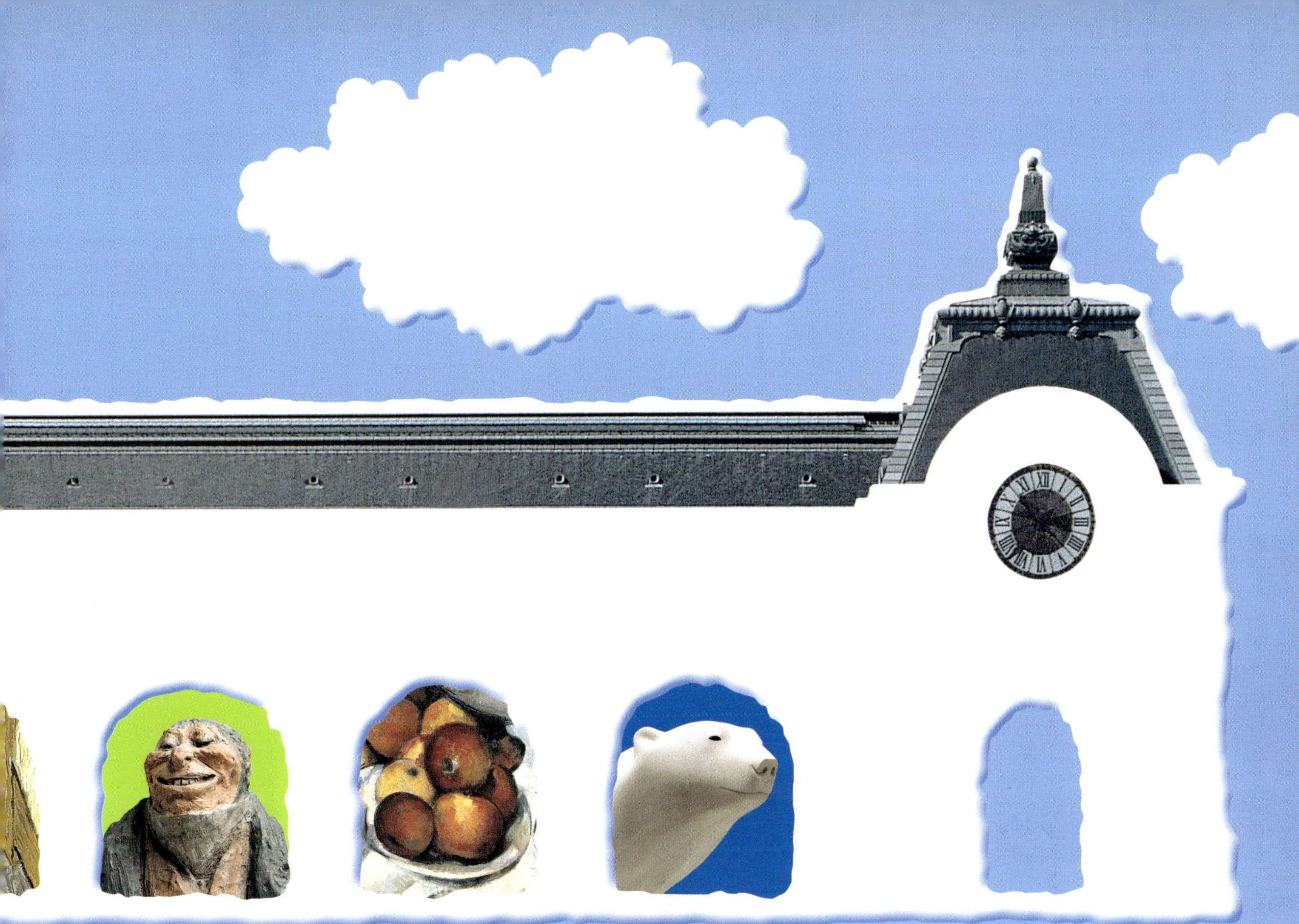

Car, avant d'être un musée, Orsay était une gare,

une gare pleine de locomotives, de bagages et de voyageurs.

Maintenant les trains ont disparu.

Il y a des tableaux, des statues, de beaux objets.

Et puis, *il y a* aussi...

il y a ... un chien rouge

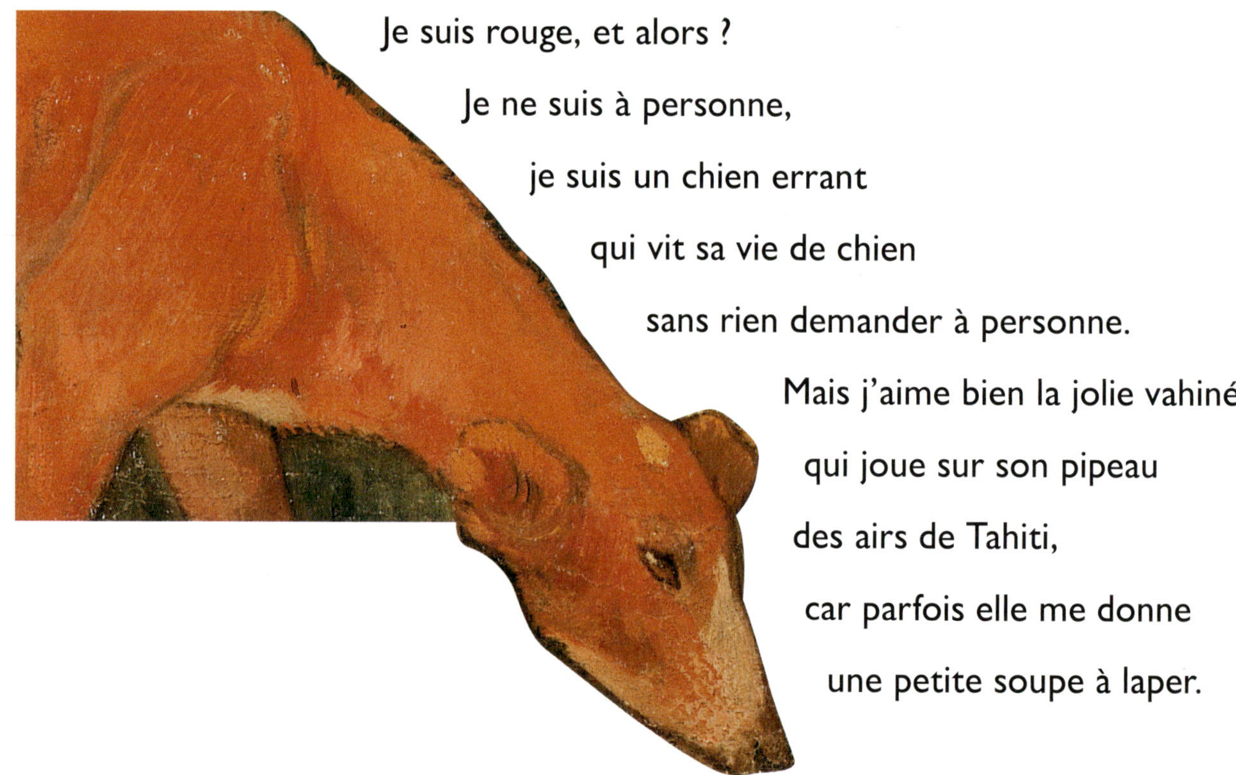

Je suis rouge, et alors ?
Je ne suis à personne,
je suis un chien errant
qui vit sa vie de chien
sans rien demander à personne.
Mais j'aime bien la jolie vahiné
qui joue sur son pipeau
des airs de Tahiti,
car parfois elle me donne
une petite soupe à laper.

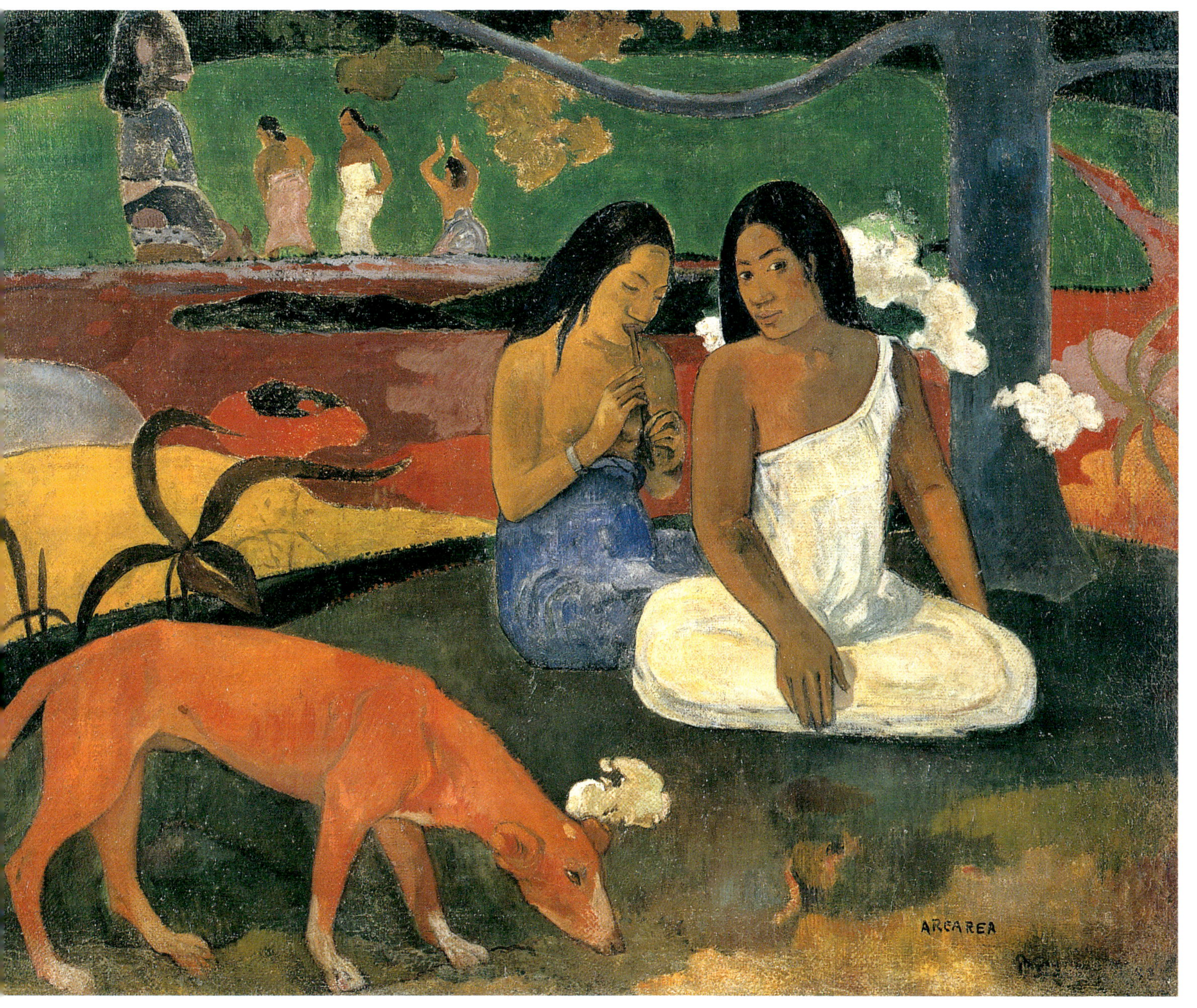

Paul Gauguin
Arearea
1892

il y a ... une chambre au lit jaune

Jaune et bleue, c'est la chambre de Vincent.

Tout est à sa place :

les objets de toilette sont sur la table,

la table est contre la chaise,

la chaise est à côté du lit,

les vêtements sont pendus,

le lit est fait.

Vincent est peintre.

Les tableaux, au mur,

c'est lui qui les a faits.

Il s'est même peint lui-même

là-haut, à gauche, au-dessus du lit.

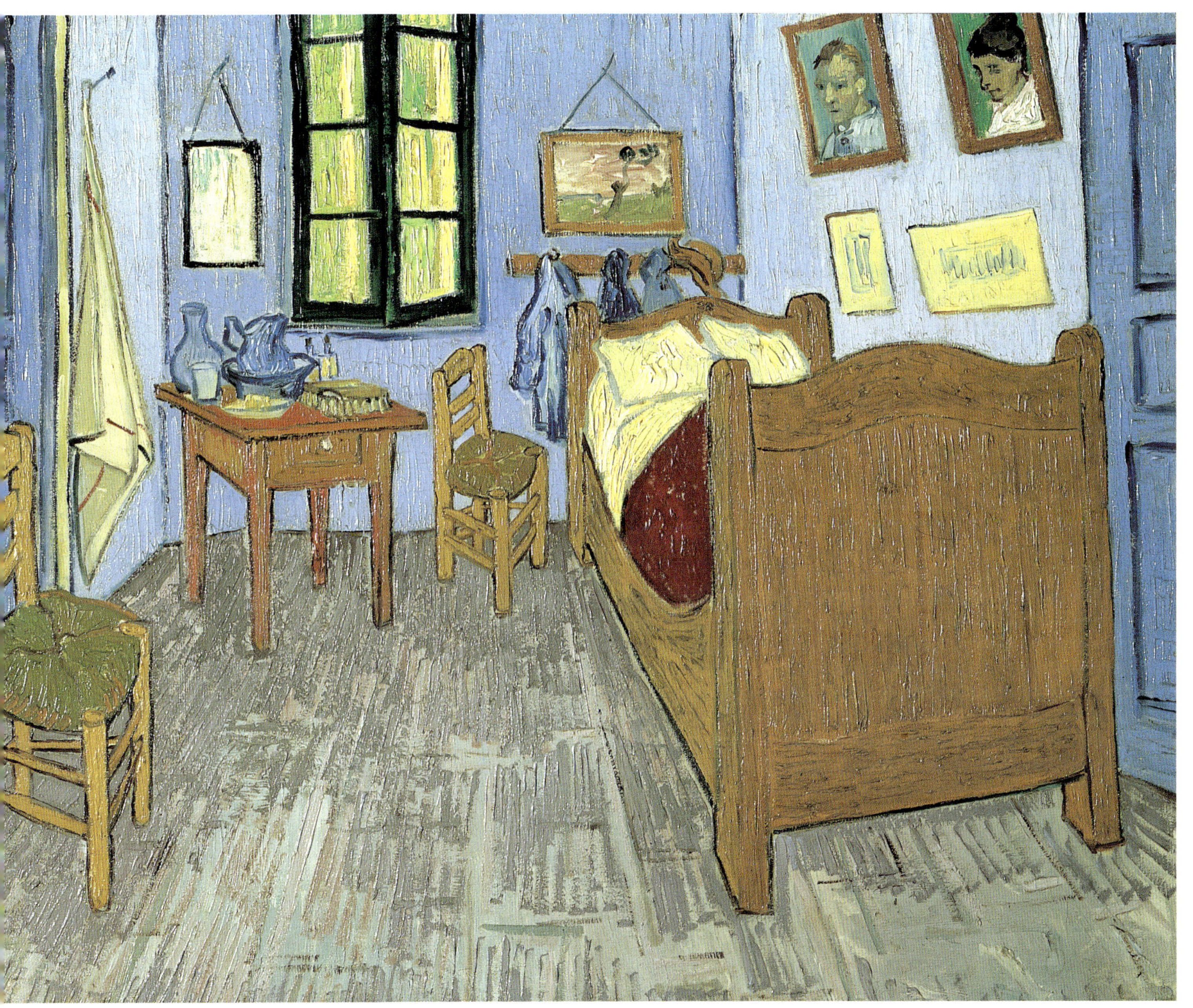

Vincent van Gogh
La chambre de Van Gogh à Arles
1889

il y a ... un petit prince et son chien

Je m'appelle Eugène, j'ai neuf ans
et je suis le fils de l'Empereur.
Parfois je m'ennuie un peu
dans le palais de mes parents
car je n'ai ni frère ni sœur.
Heureusement, il y a mon chien Néro.
Monsieur Carpeaux qui est un grand sculpteur,
nous a taillés tous les deux, Néro et moi,
dans un gros bloc de marbre blanc.
À force de poser sans bouger,
nous avons attrapé
des fourmis dans les pattes !

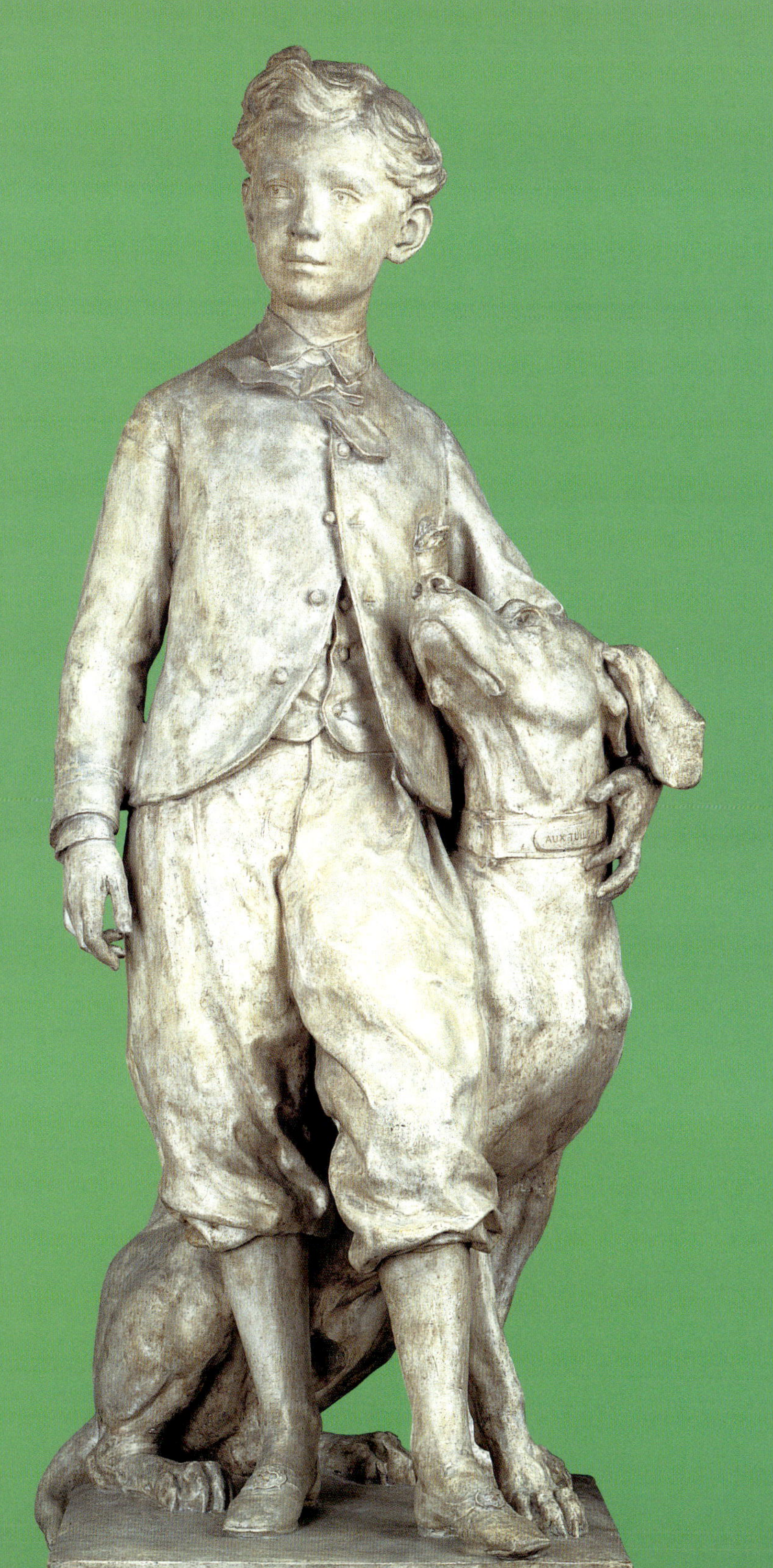

Jean-Baptiste Carpeaux
Le prince impérial et son chien
1865

il y a ... un grand jardin

« Grand-maman, s'il te plait,

encore un peu d'orangeade »,

demande Charles.

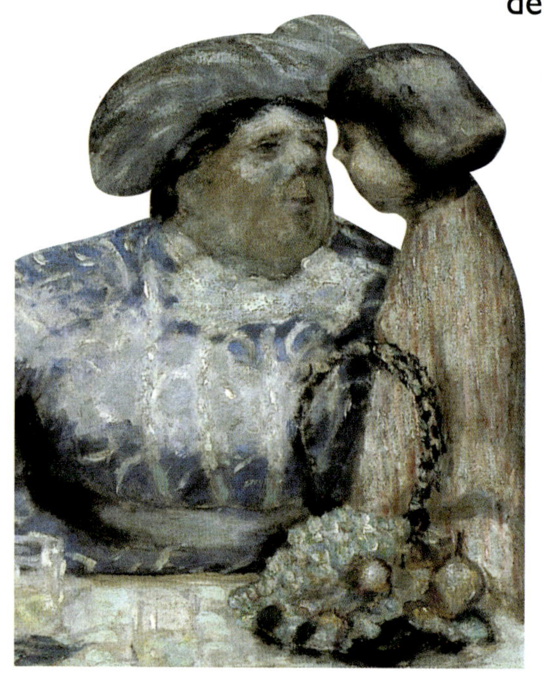

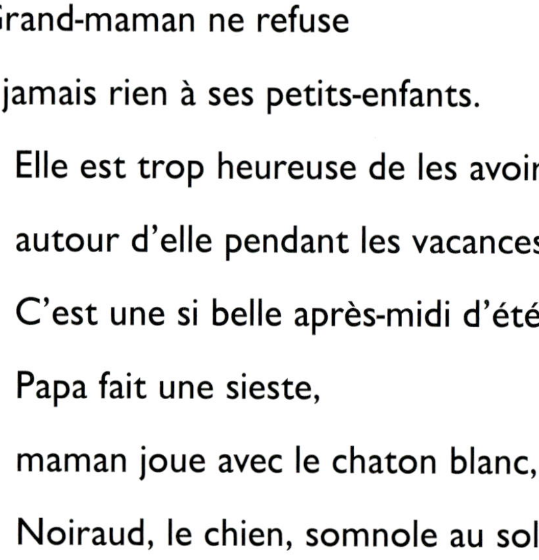

Grand-maman ne refuse

jamais rien à ses petits-enfants.

Elle est trop heureuse de les avoir

autour d'elle pendant les vacances.

C'est une si belle après-midi d'été !

Papa fait une sieste,

maman joue avec le chaton blanc,

Noiraud, le chien, somnole au soleil

et tonton Pierre peint tout ce petit monde.

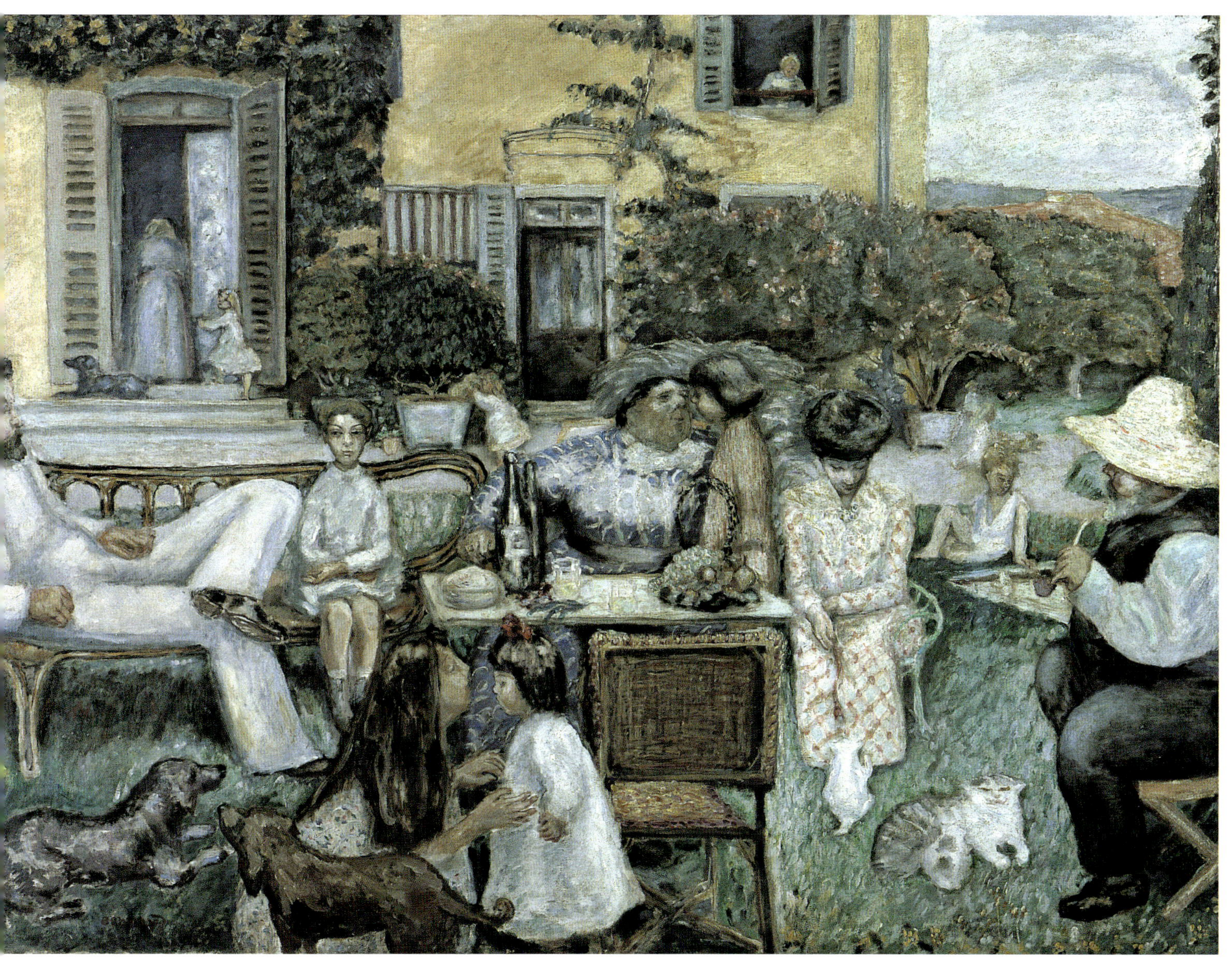

Pierre Bonnard
L'après-midi bourgeoise
1900

il y a ... des petites danseuses en tutu bleu

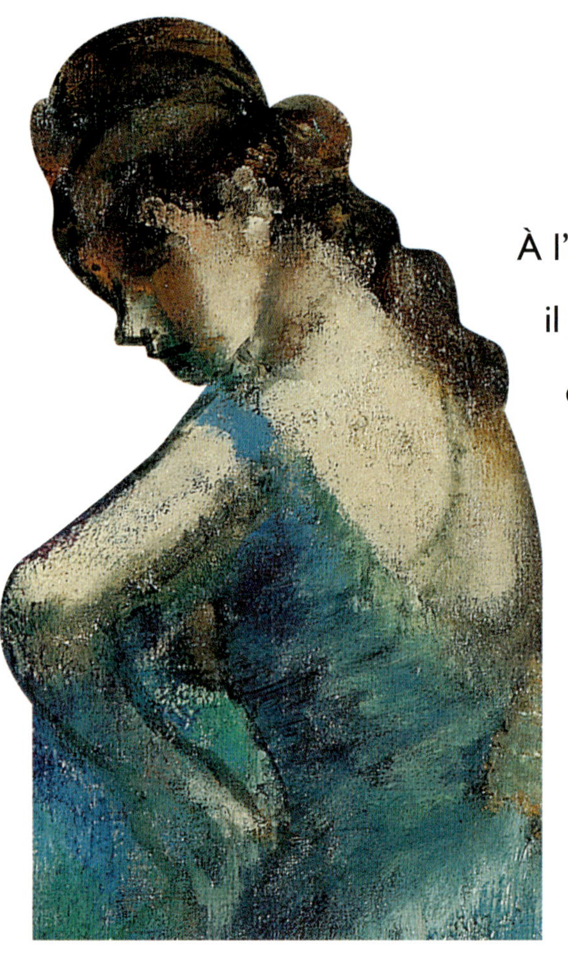

À l'Opéra,
il y a des petites danseuses,
qui dansent et font des pointes
en tutus et en chaussons pointus.
Ces petites danseuses-là,
monsieur Edgar,
Edgar Degas,
peintre de son état,
aime les croquer toutes crues
dans son grand carnet de danse.

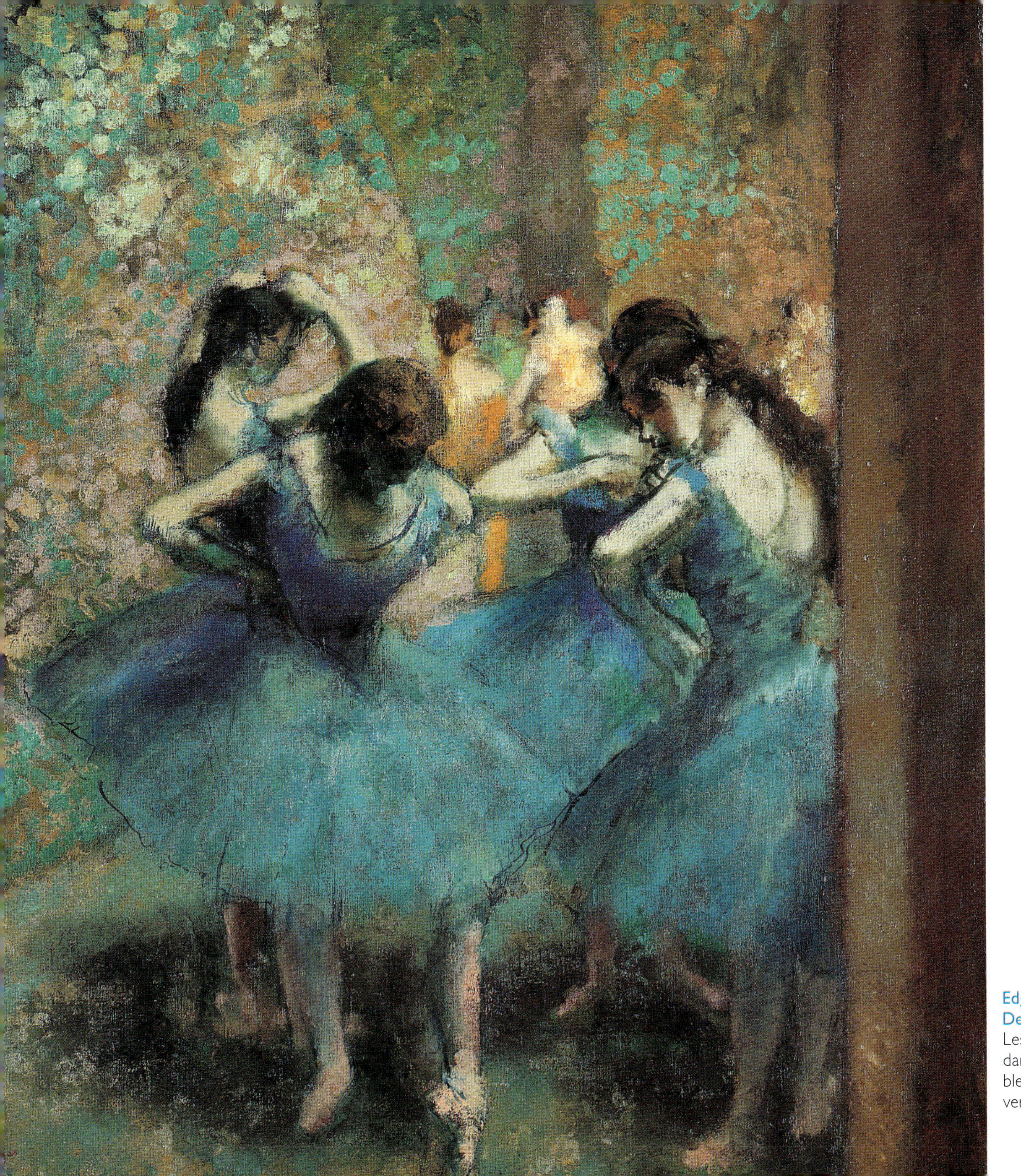

Edgar Degas
Les danseuses bleues
vers 1893

il y a ... trois personnes sur un balcon

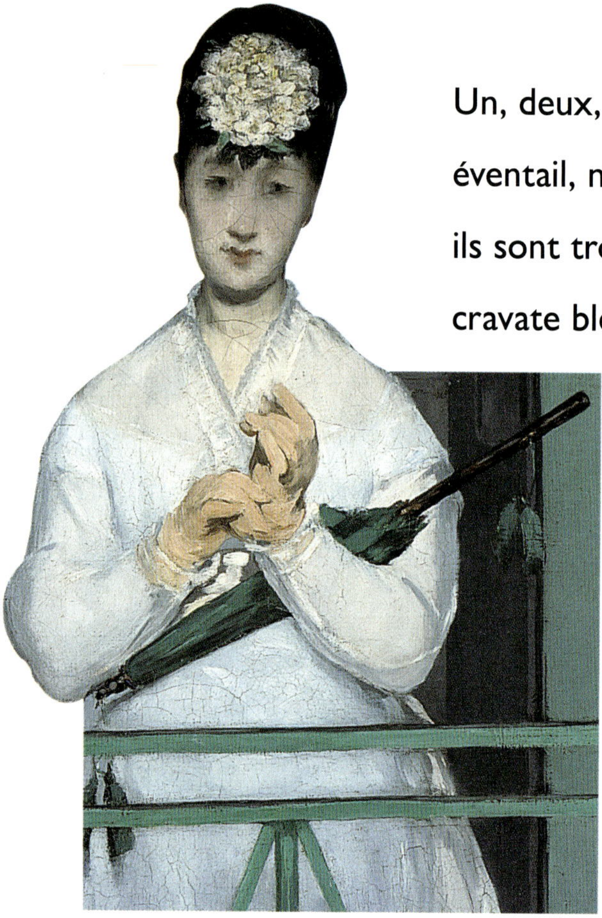

Un, deux, trois,
éventail, moustache blonde et gants de soie,
ils sont trois, elles et lui,
cravate bleue, robes blanches et parapluie,
entre les deux volets verts
sur le grand balcon de fer.
Ils ne se parlent pas,
ne se regardent même pas,
si bien qu'on se demande
ce qu'ils font tous les trois,
ensemble et séparés,
sur ce grand balcon de fer.

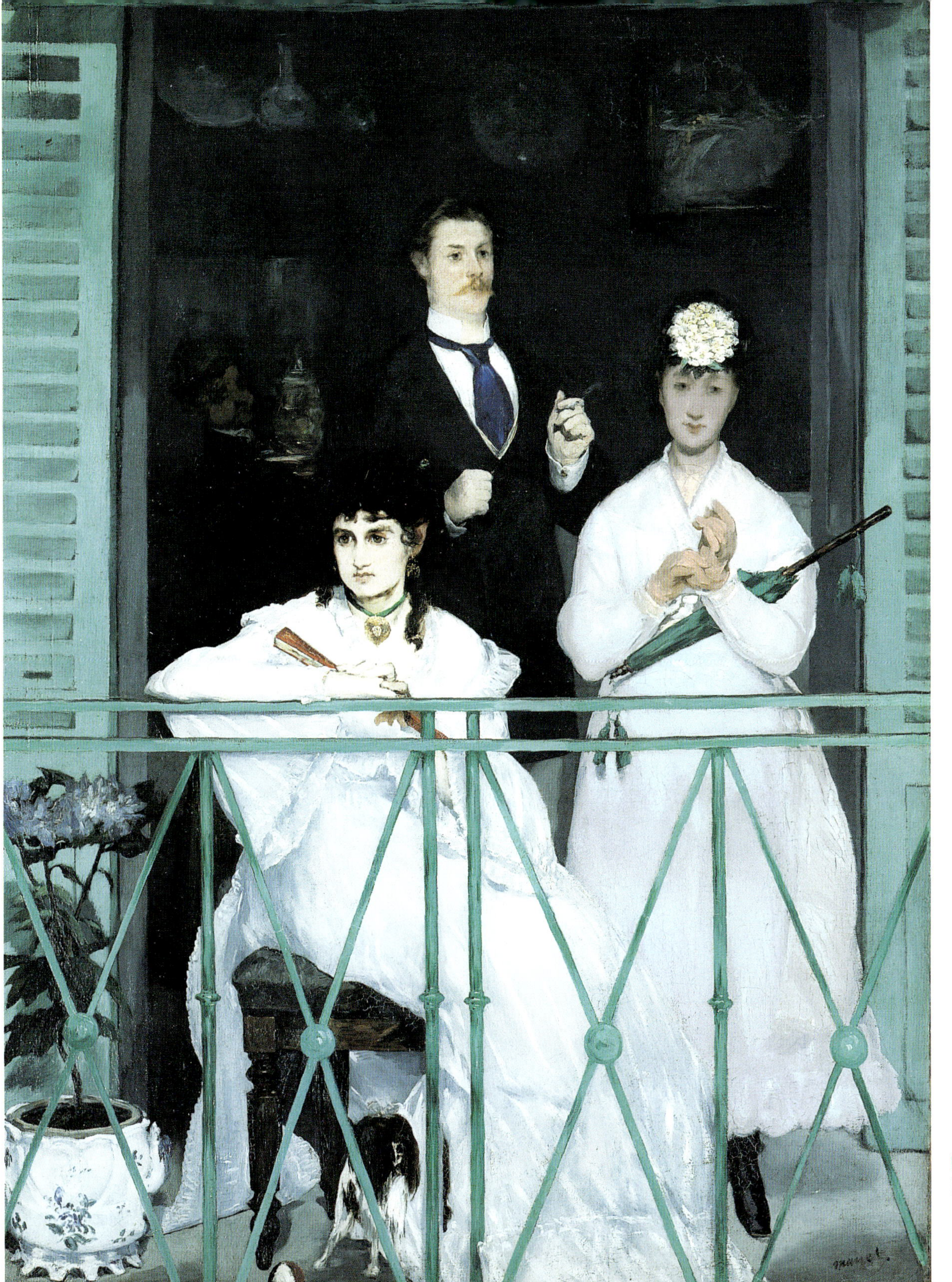

Édouard Manet
Le balcon
1868-1869

il y a ... des oranges et des pommes qui roulent sur une nappe blanche

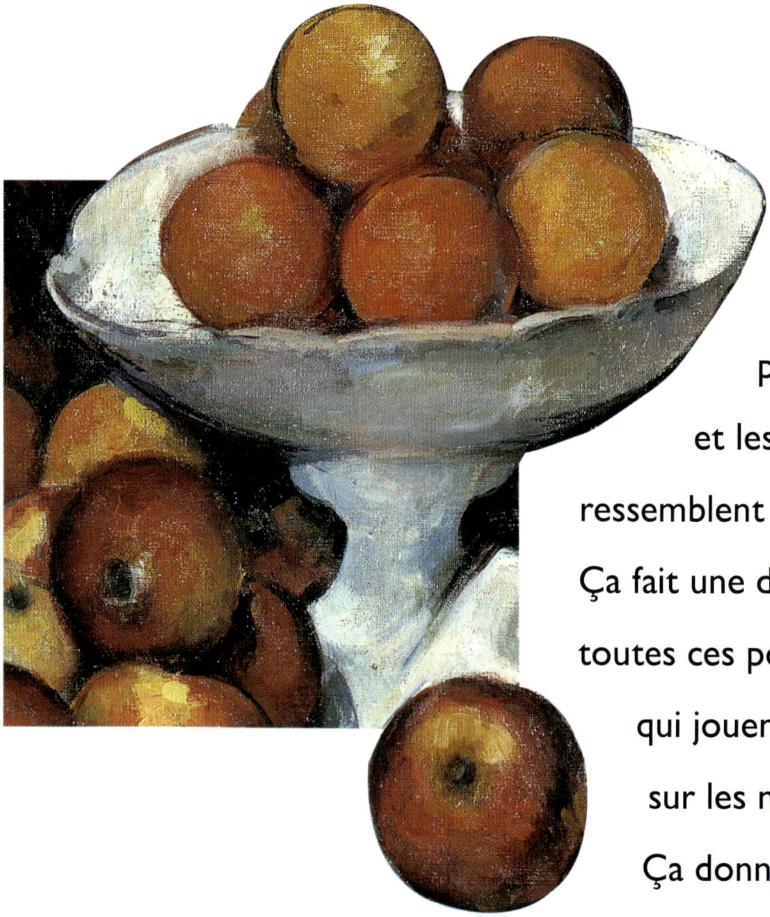

Où sont les pommes ?
Où sont les oranges ?
Difficile à dire
car les pommes,
parfois, sont oranges
et les oranges, souvent,
ressemblent à des pommes.
Ça fait une drôle de salade de fruits
toutes ces pommes et toutes ces oranges
qui jouent à cache-cache
sur les montagnes russes de la nappe.
Ça donne presque le tournis !

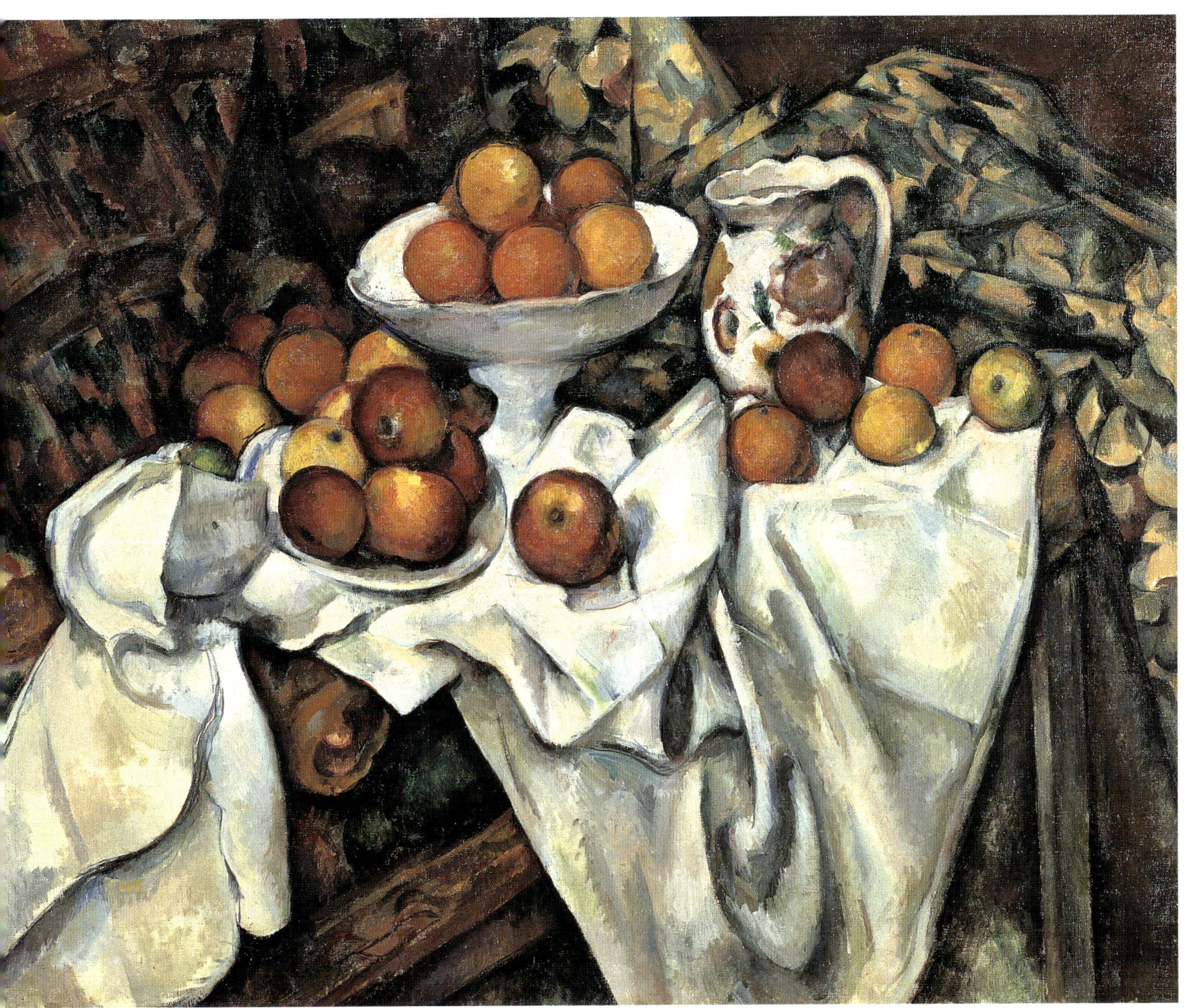

Paul Cézanne
Pommes et oranges
1895-1900

il y a ... des gens qui regardent la mer assis sur des chaises

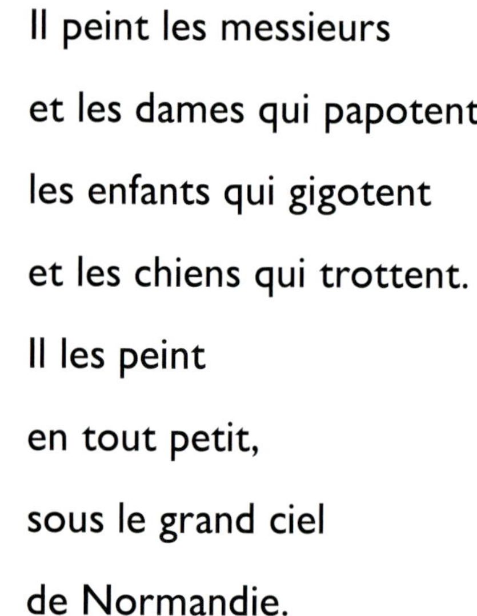

Quand monsieur Boudin va à la plage,
il emporte ses pinceaux
pour peindre sous le vent.
Il peint les messieurs
et les dames qui papotent,
les enfants qui gigotent
et les chiens qui trottent.
Il les peint
en tout petit,
sous le grand ciel
de Normandie.

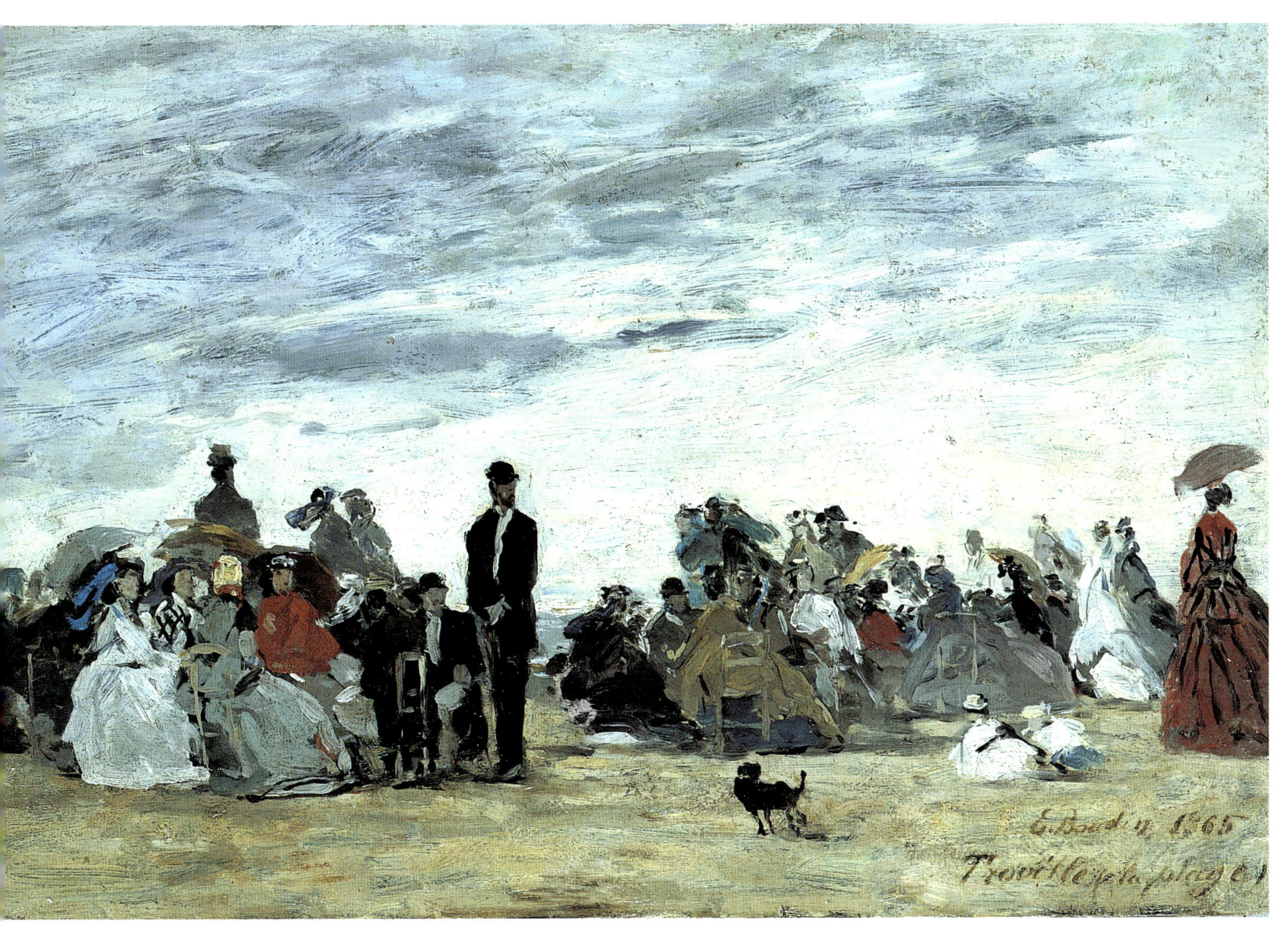

Eugène Boudin
La plage de Trouville
1869

il y a ... un grand lion assis

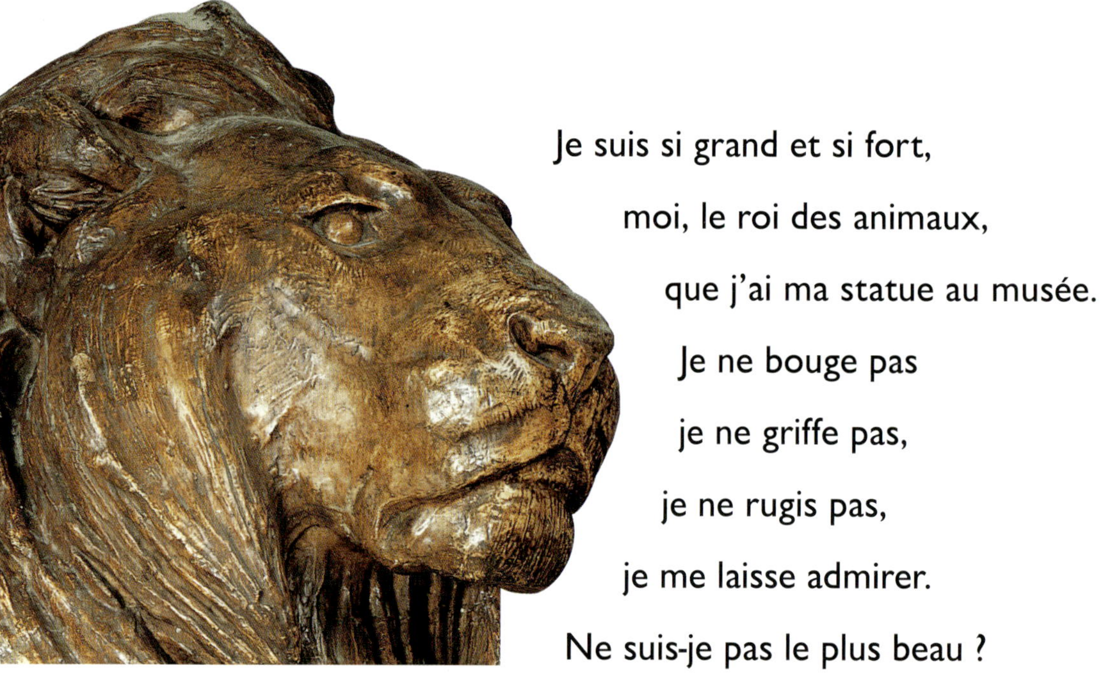

Je suis si grand et si fort,
moi, le roi des animaux,
que j'ai ma statue au musée.
Je ne bouge pas
je ne griffe pas,
je ne rugis pas,
je me laisse admirer.
Ne suis-je pas le plus beau ?

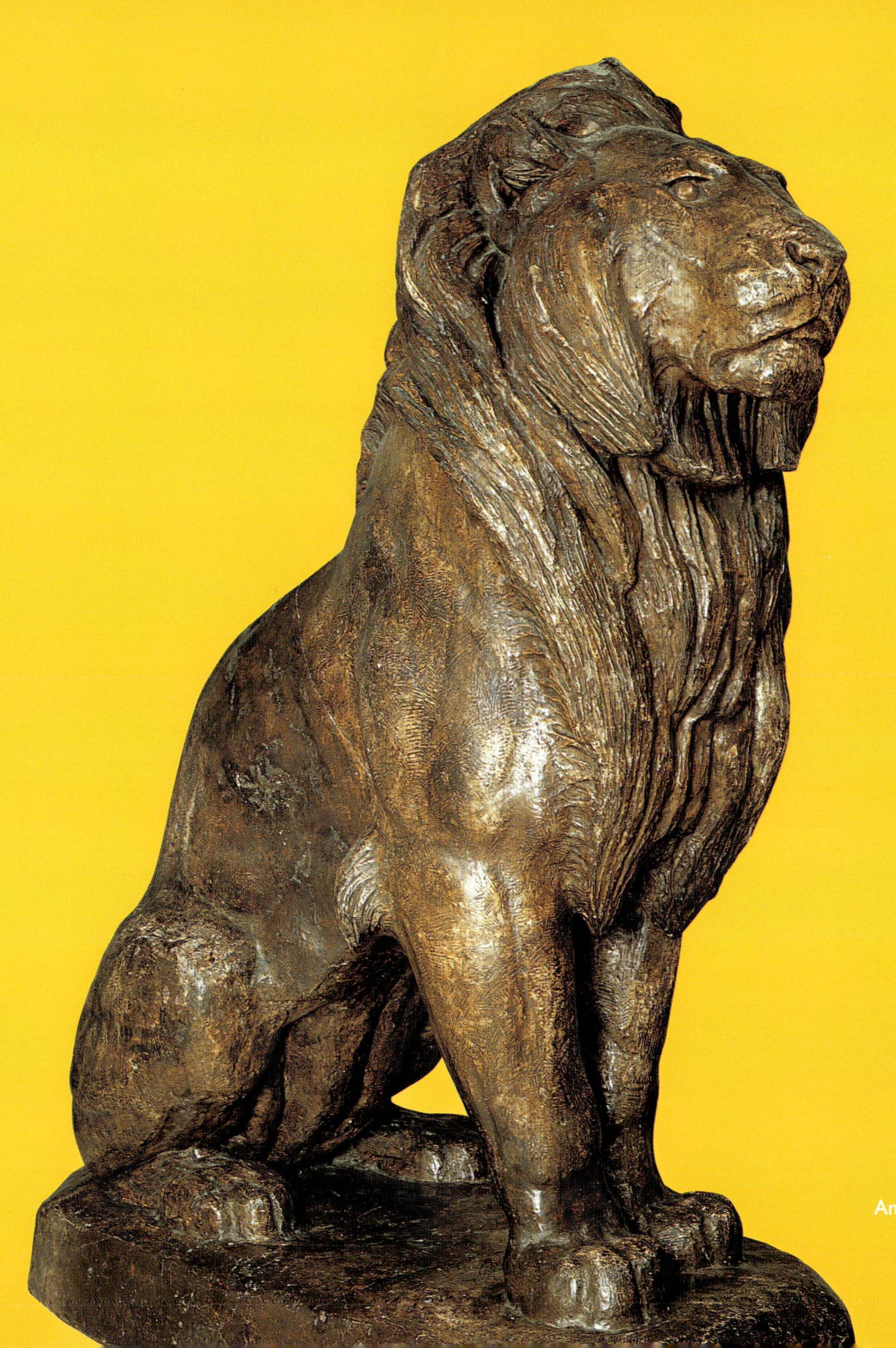

Antoine-Louis Barye
Grand lion assis
1887

il y a ... une pie qui n'a pas froid aux yeux

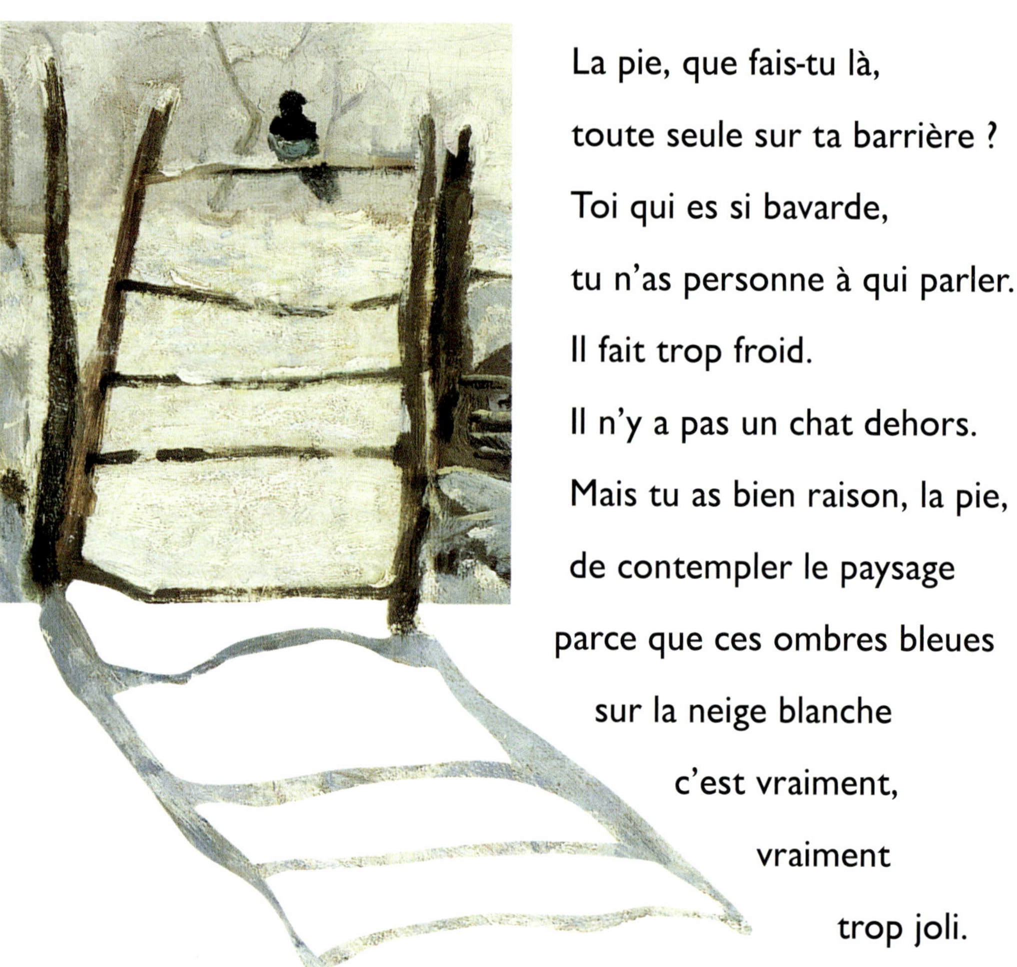

La pie, que fais-tu là,
toute seule sur ta barrière ?
Toi qui es si bavarde,
tu n'as personne à qui parler.
Il fait trop froid.
Il n'y a pas un chat dehors.
Mais tu as bien raison, la pie,
de contempler le paysage
parce que ces ombres bleues
sur la neige blanche
c'est vraiment,
vraiment
trop joli.

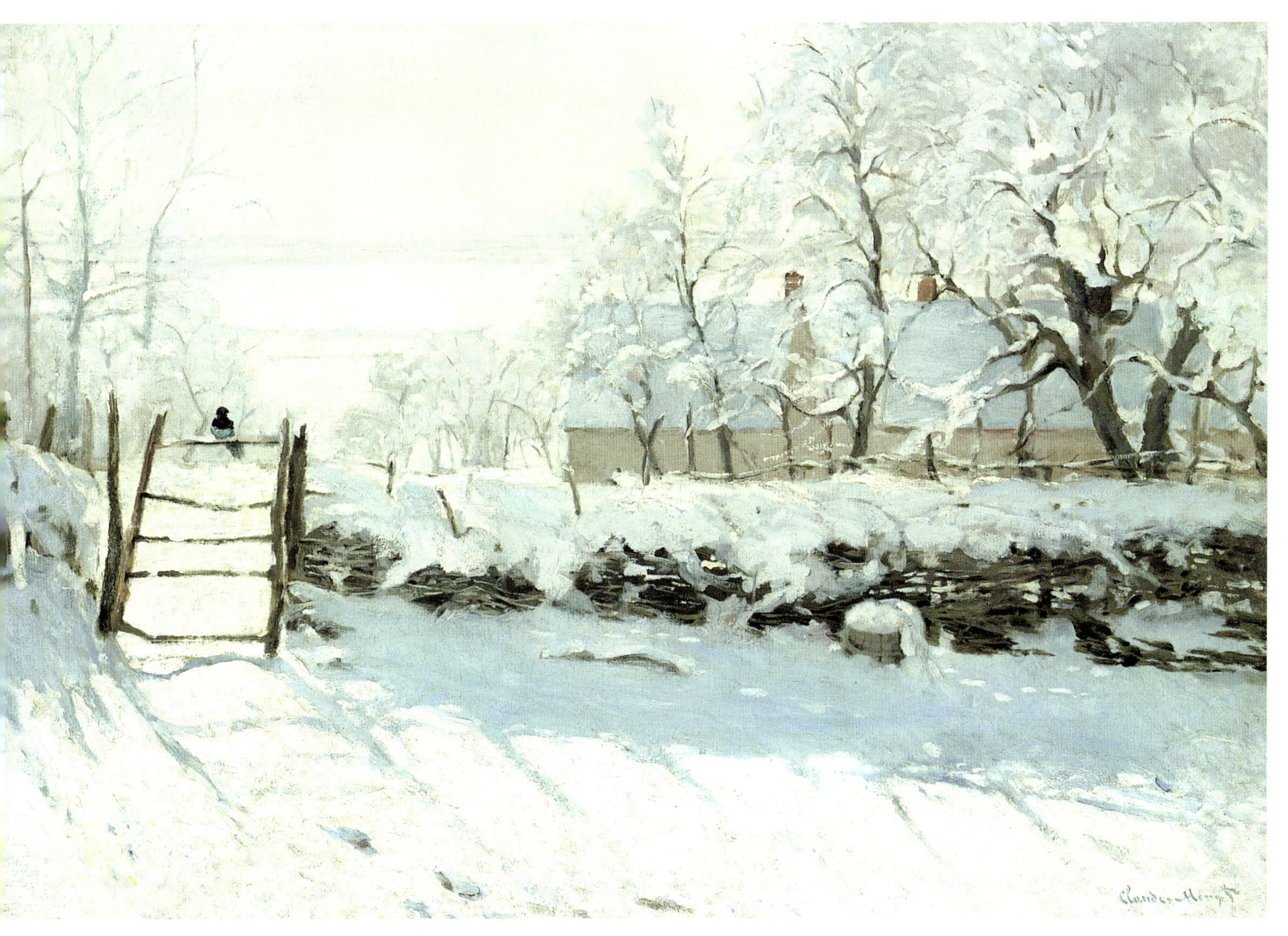

Claude Monet
La pie
1868-1869

il y a ... un gros ours blanc tout lisse

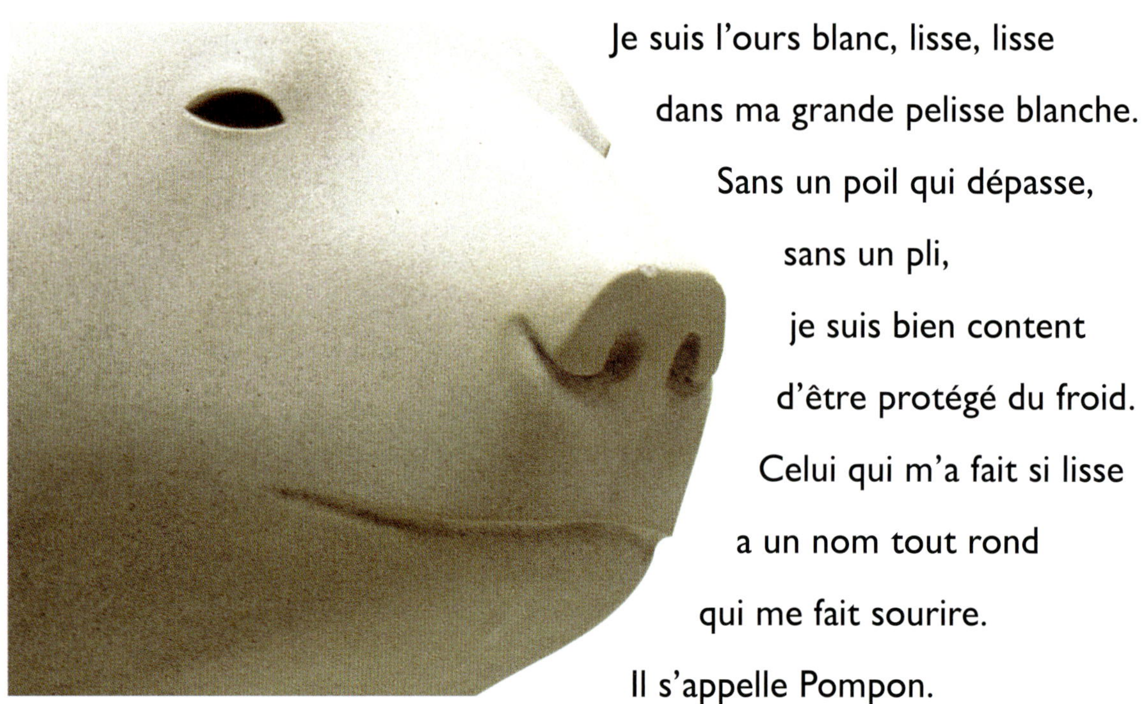

Je suis l'ours blanc, lisse, lisse
dans ma grande pelisse blanche.
Sans un poil qui dépasse,
sans un pli,
je suis bien content
d'être protégé du froid.
Celui qui m'a fait si lisse
a un nom tout rond
qui me fait sourire.
Il s'appelle Pompon.

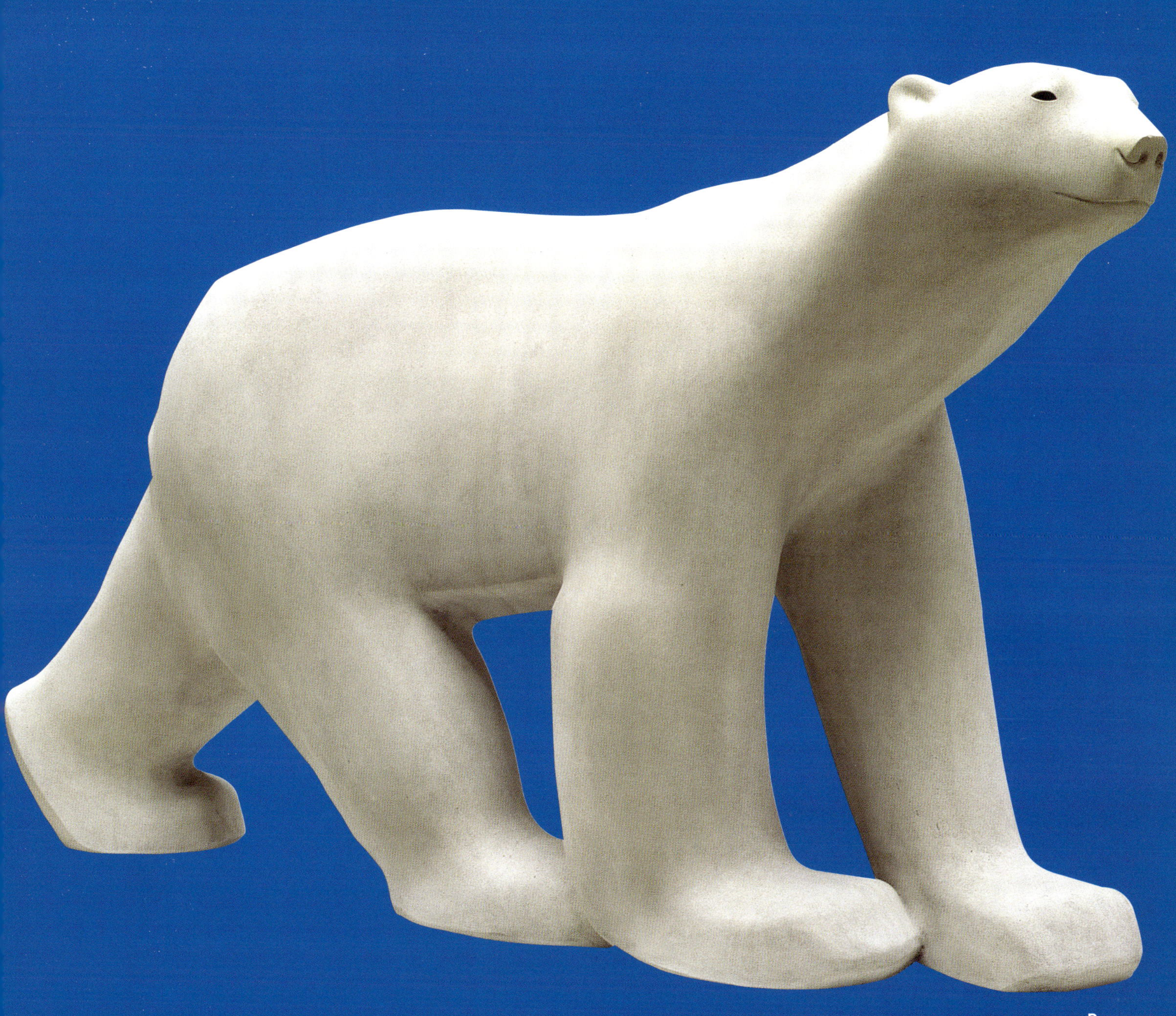

Pompon
Ours blanc
1918-1929

il y a ... une dame qui fait de la balançoire

« Est-ce que maman va bientôt
me laisser la place sur la balançoire ? »
se demande Jeanne.
Mais la maman de Jeanne rêve.
Elle rêve en regardant les taches de soleil
qui roulent sur le sol
comme des pièces d'or.
Elle rêve qu'un feu follet
lui murmure en dansant :
« Vous êtes bien jolie
dans votre robe blanche et bleue ! »
Mais est-ce vraiment un rêve ?

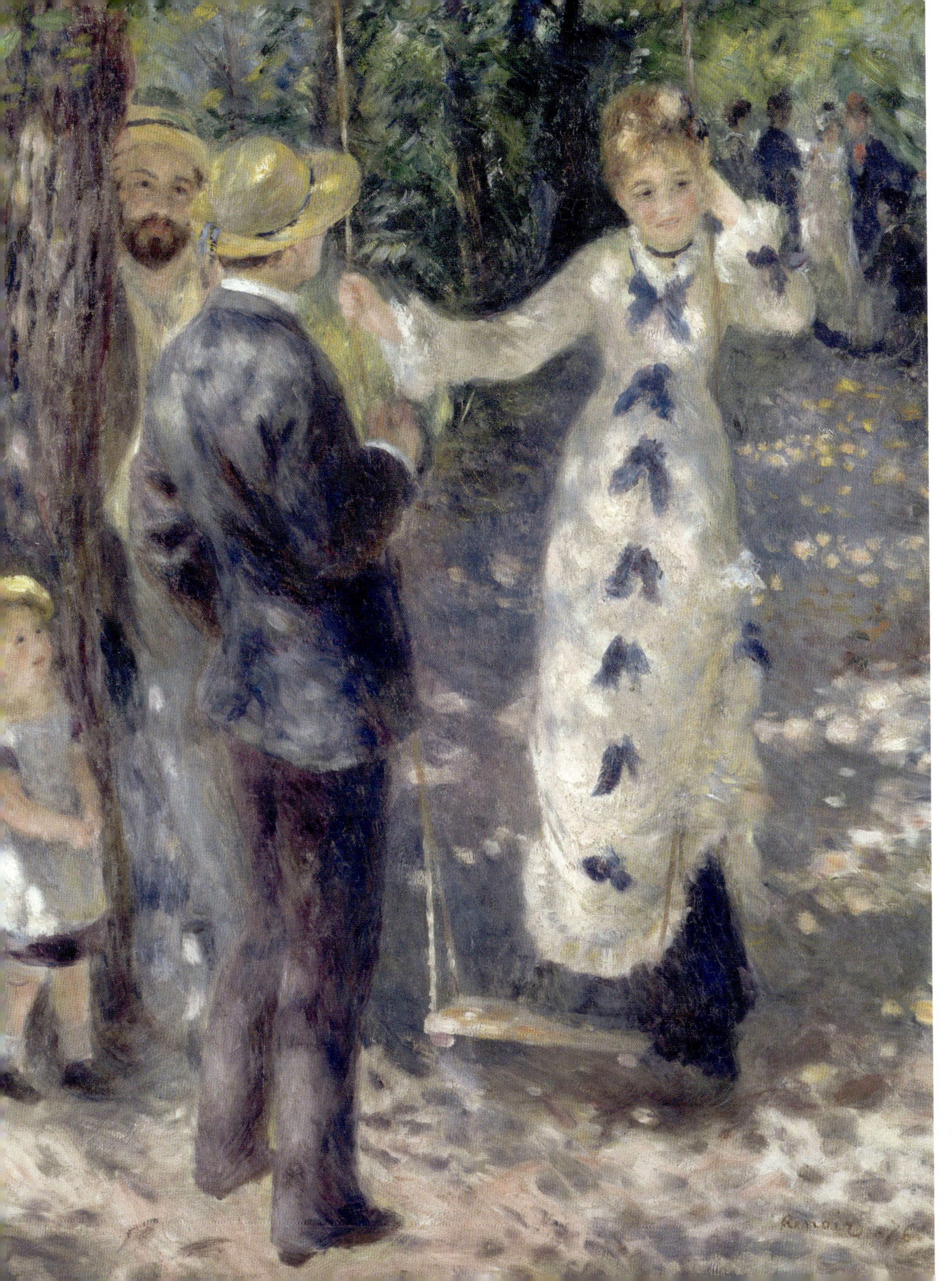

Pierre-Auguste
Renoir
La balançoire
1876

il y a ... un enfant qui court après sa balle rouge

Que voit la pie du haut de son arbre ?

Elle voit un chapeau de paille jaune et une balle rouge.

Elle voit une dame en bleu et une autre en blanc.

Mais...

sous le chapeau de paille jaune

est-ce une fille ou un garçon

aux cheveux longs ?

Mais...

qui est la maman

de l'enfant ?

La dame en bleu

ou la dame en blanc ?

Ça, la pie ne le sait pas !

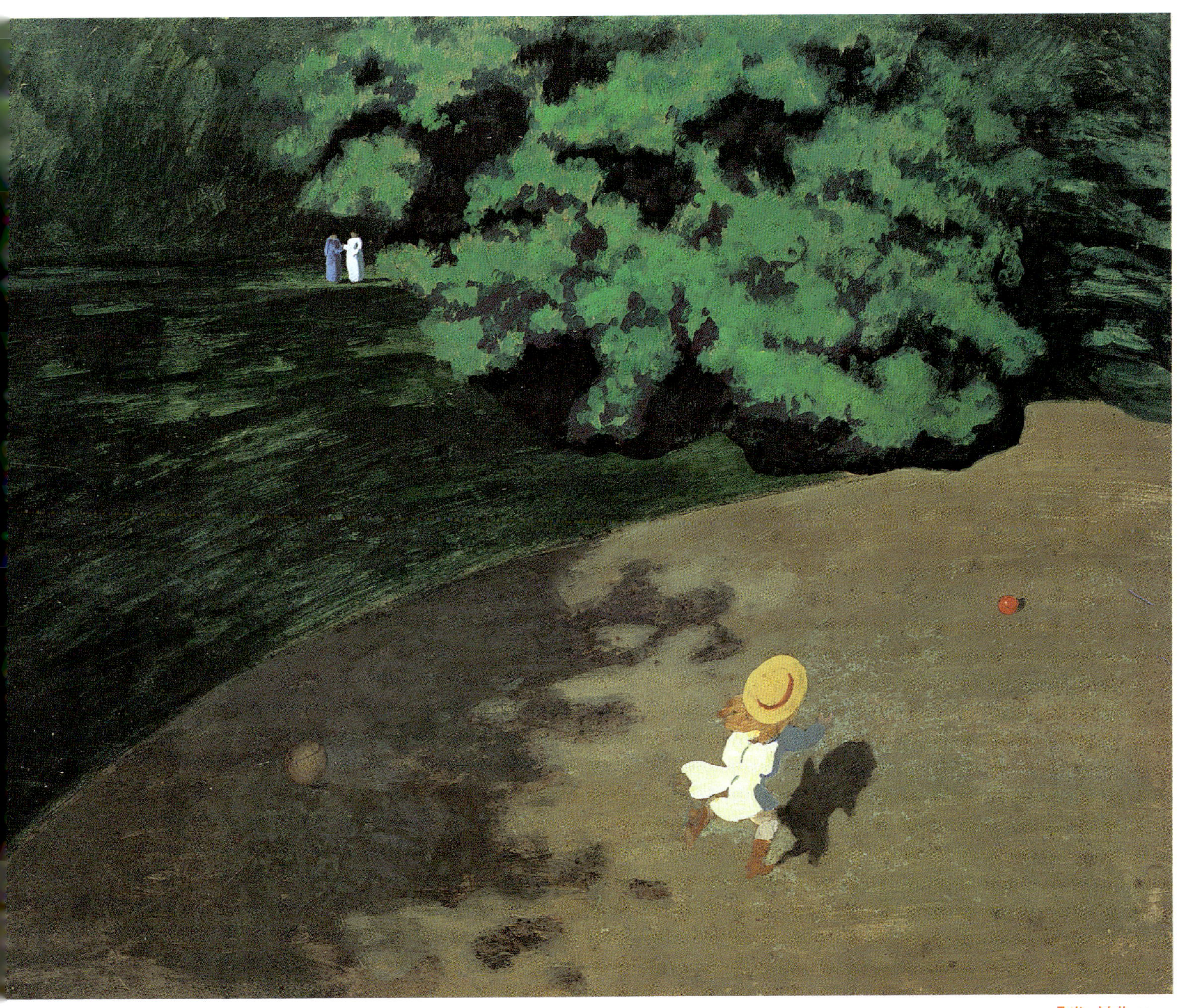

Félix Vallotton
Le ballon
1899

il y a ... un tout petit bébé qui dort

Chut ! Il dort...

Alors, doucement,

tout doucement,

maman écarte le voile blanc.

Et doucement,

tout doucement,

elle chante :

« Dors mon papillon, ma libellule,
dors mon enfant d'or, dors mon adoré,
maman est là... »

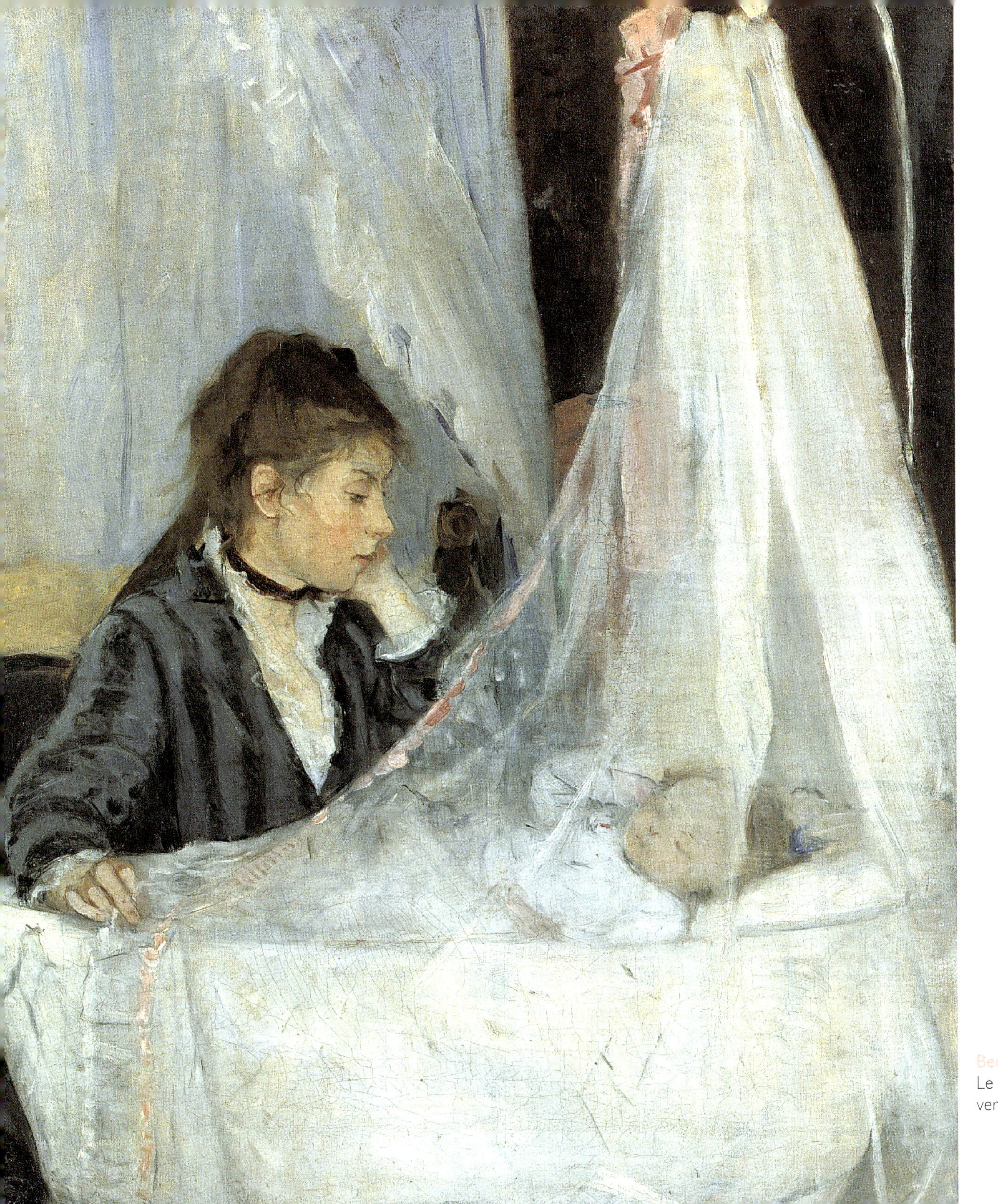

Berthe Morisot
Le berceau
vers 1872

il y a ... une petite écuyère qui danse sur un cheval blanc

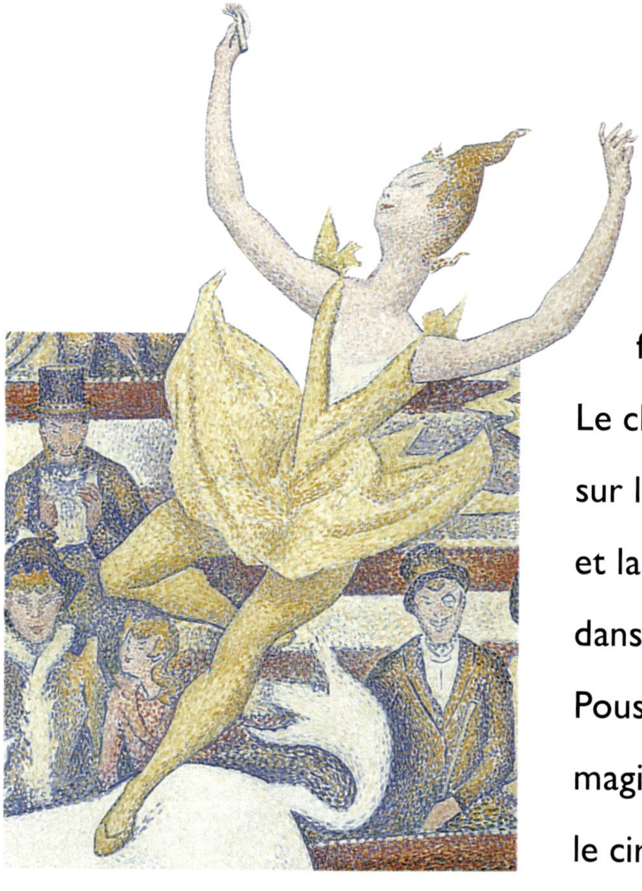

« Clac ! »

fait le fouet du dompteur.

« Hop, hop ! »

fait le clown acrobate.

« Boum, boum, boum ! »

fait le cœur de la petite écuyère.

Le cheval blanc s'élance

sur la piste de sable

et la petite écuyère s'envole

dans son habit d'or.

Poussière de lumière,

magie d'un soir,

le cirque, c'est tout ça !

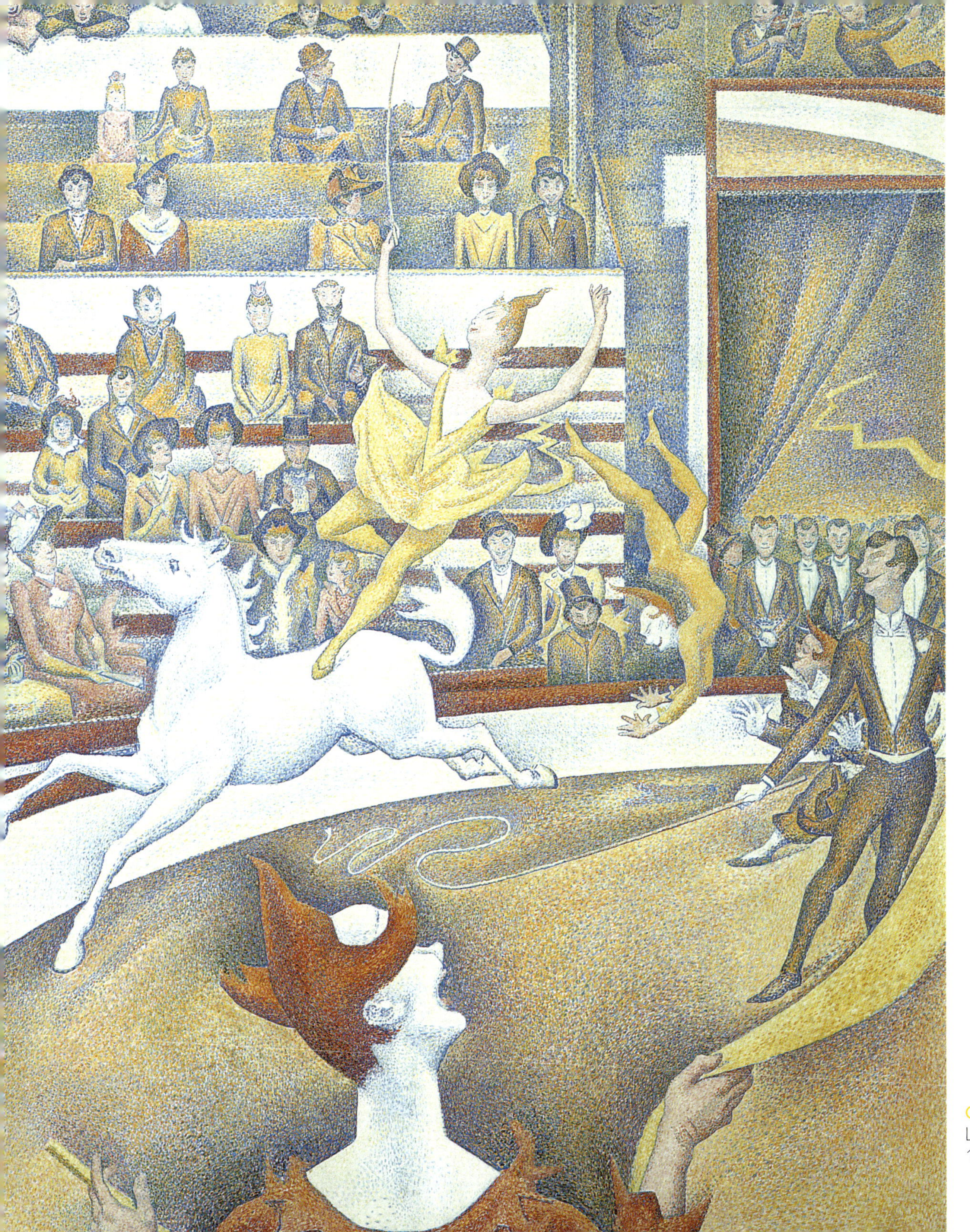

Georges Seurat
Le cirque
1891

il y a ... la guerre en robe blanche

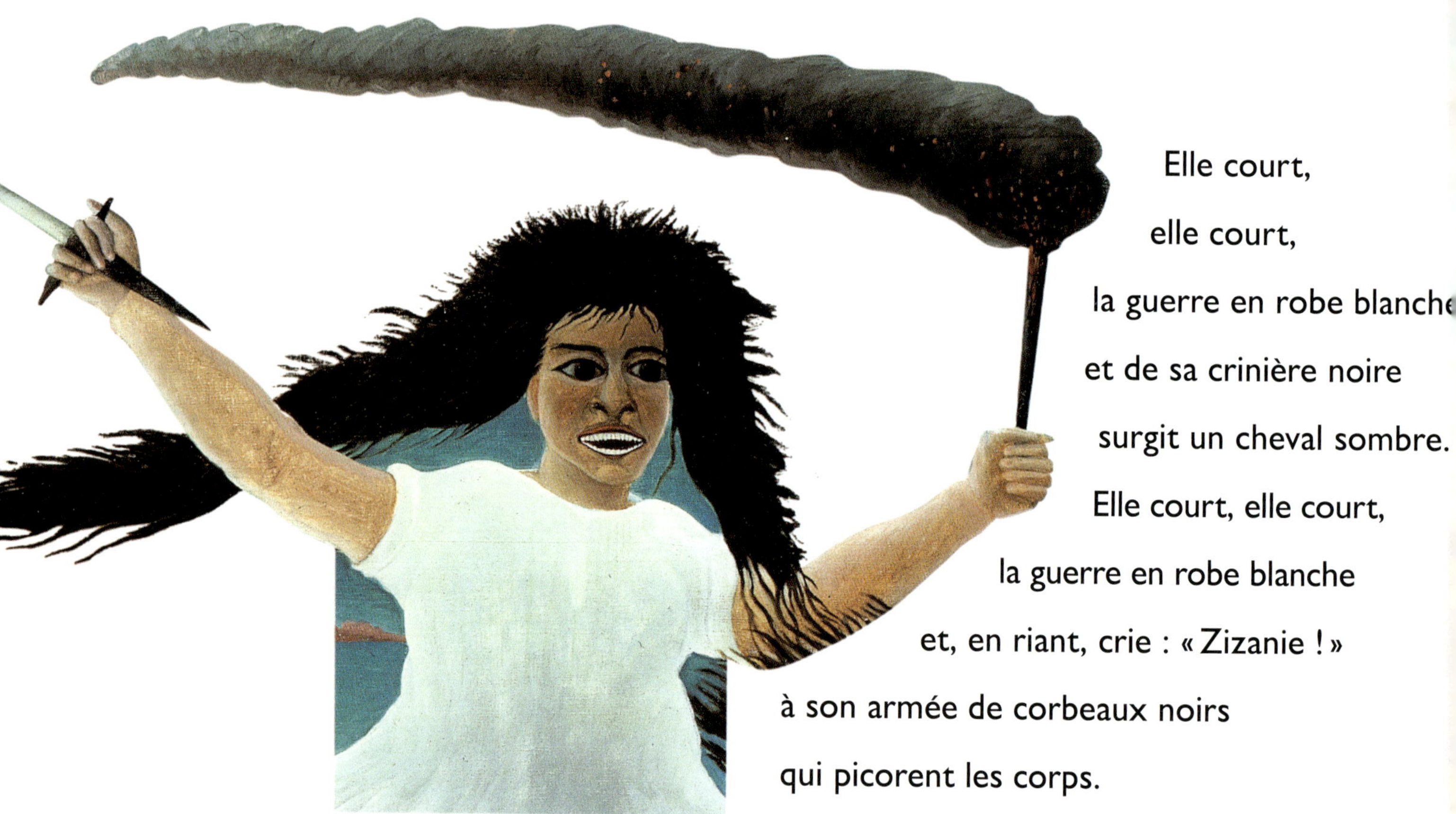

Elle court,
elle court,
la guerre en robe blanche
et de sa crinière noire
surgit un cheval sombre.
Elle court, elle court,
la guerre en robe blanche
et, en riant, crie : « Zizanie ! »
à son armée de corbeaux noirs
qui picorent les corps.

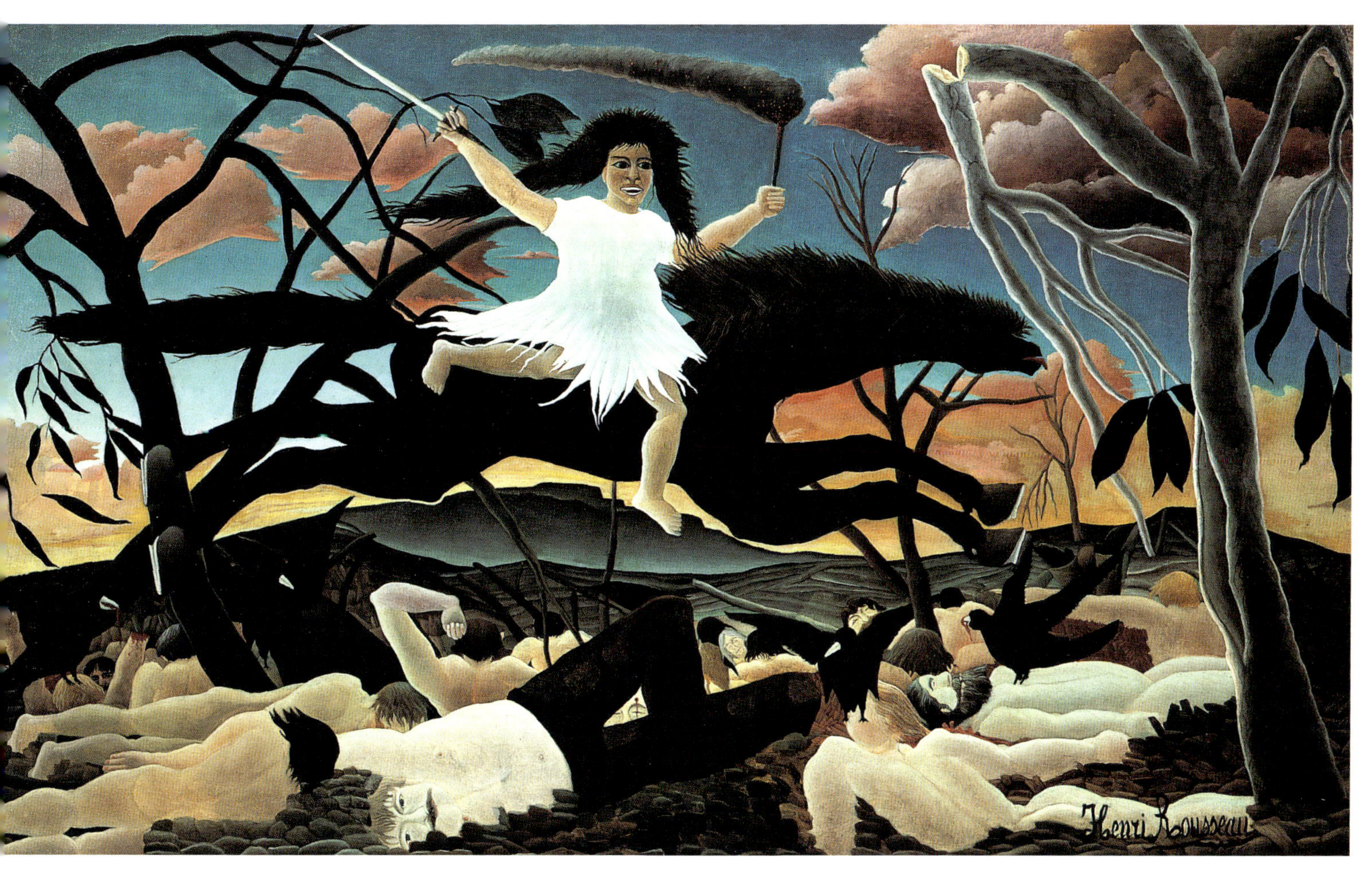

Le Douanier Rousseau
La guerre
1894

il y a ... des messieurs bien laids

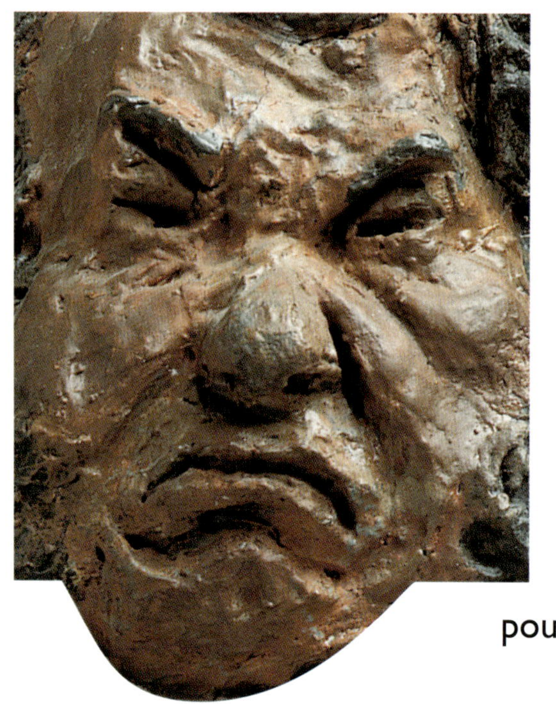

Le premier est grincheux
le second ne vaut pas mieux
le troisième a l'air d'un chou farci,
le quatrième d'une poire aplatie
et on se demande pourquoi
le cinquième est si content de lui.
C'est Daumier qui les a fait si laids,
plus laids qu'en vrai,
pour rire et se moquer.

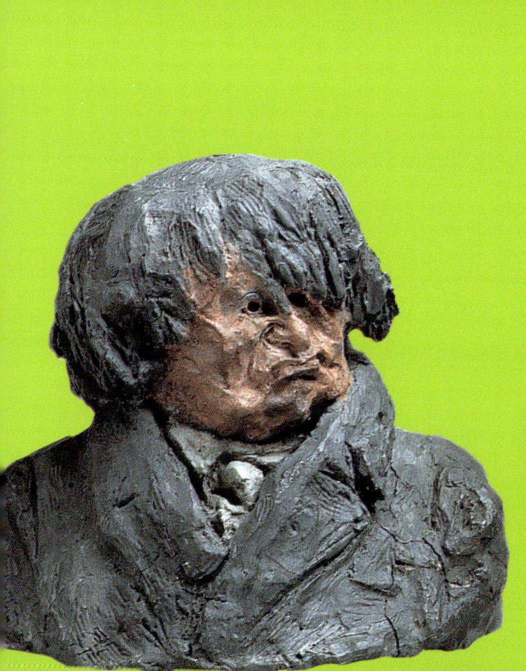
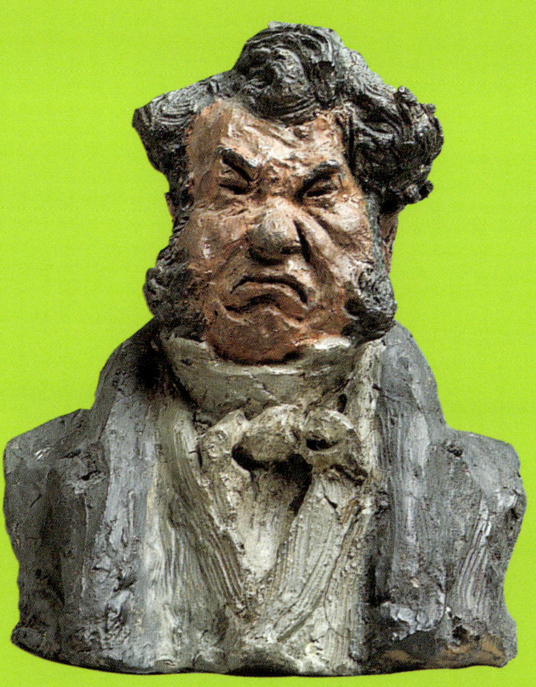
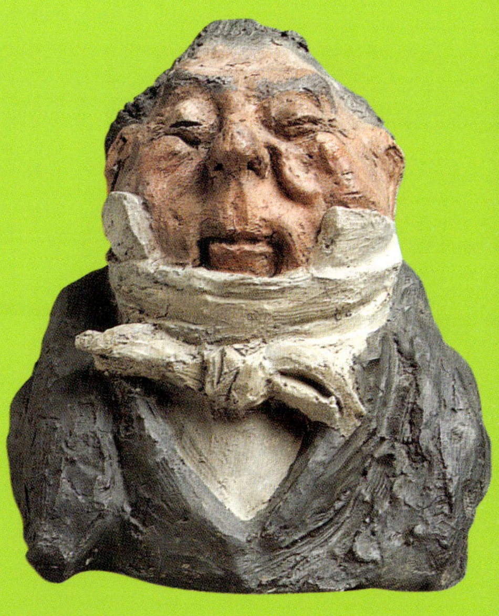
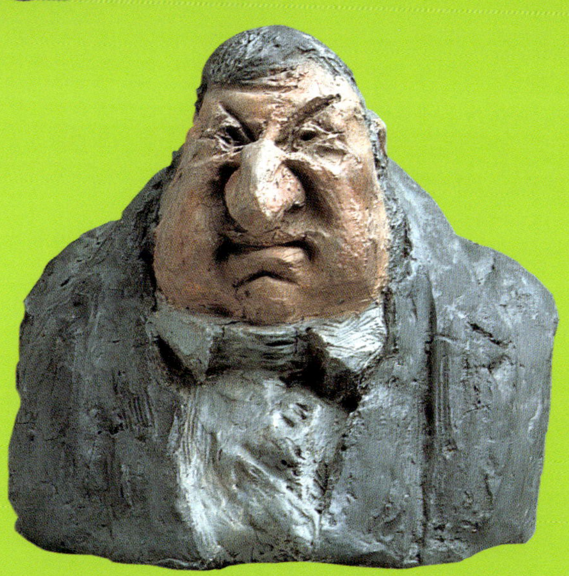
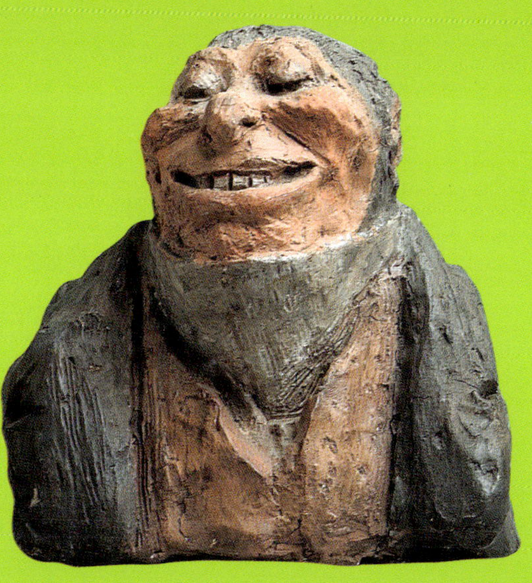

Honoré Daumier
Prunelle
Cunin
Étienne
Fruchard
Comte de Kératry
1832-1833

il y a ... une grasse matinée

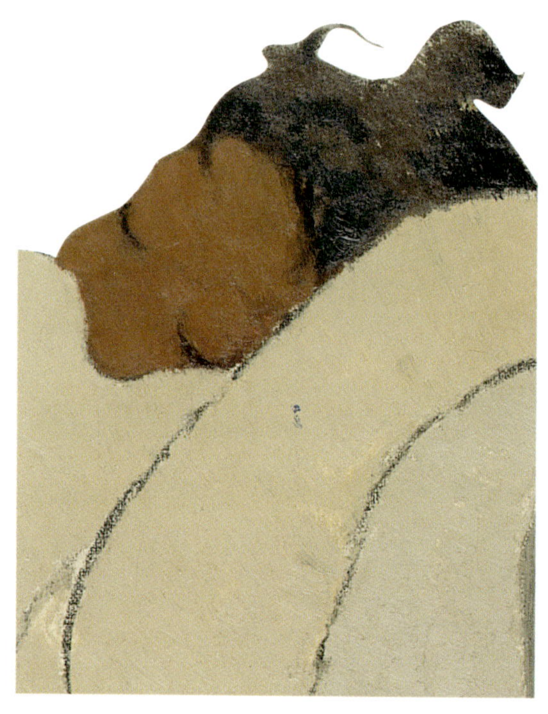

Le jour s'est levé
mais moi je ne veux pas me lever.
Je suis trop bien dans mon lit,
le nez sous ma couverture blanche,
la tête dans mes oreillers douillets.
S'il vous plaît,
laissez-moi encore
dormir un peu,
c'est si bon
de faire la grasse matinée !

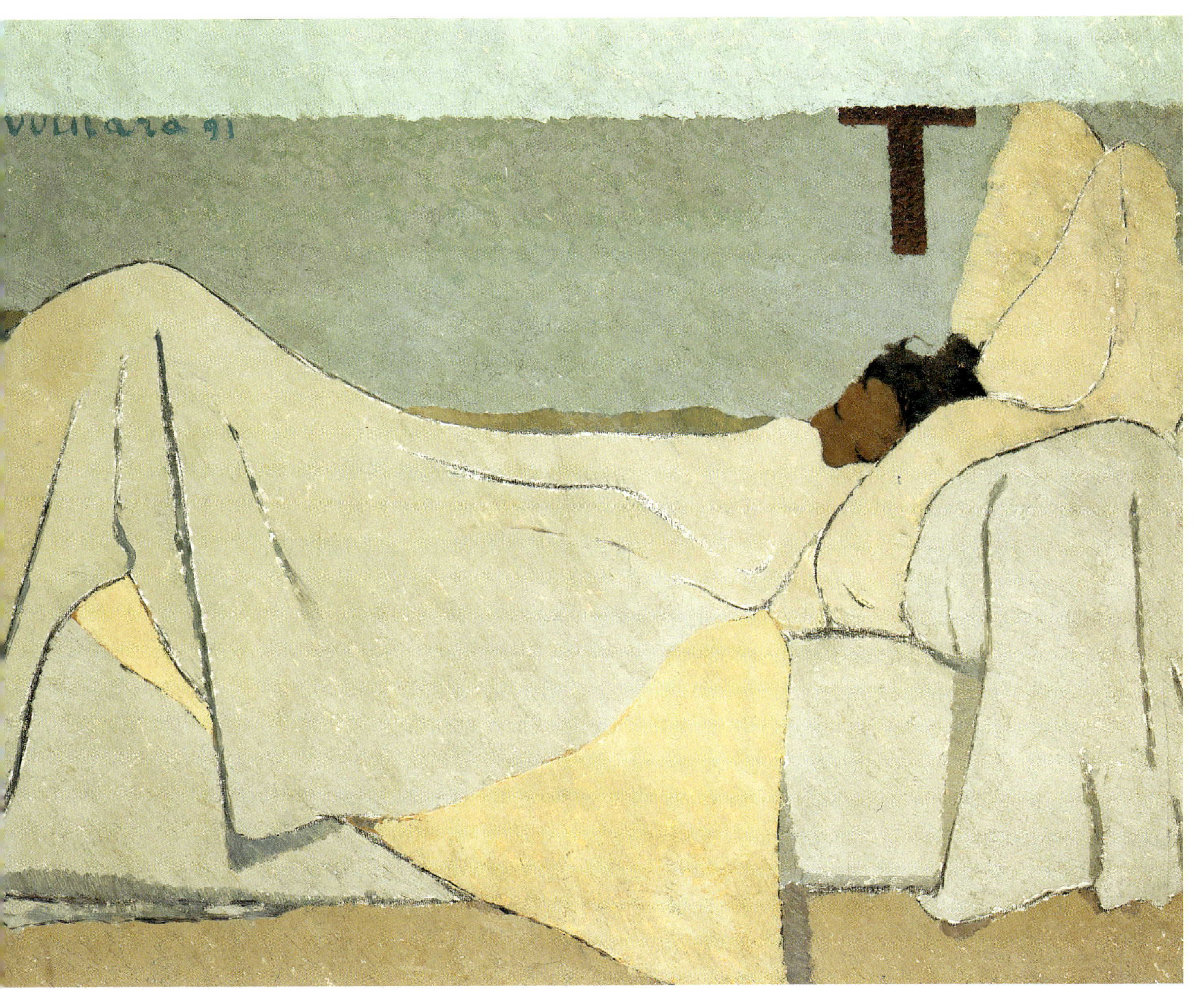

Édouard Vuillard
Au lit
1891

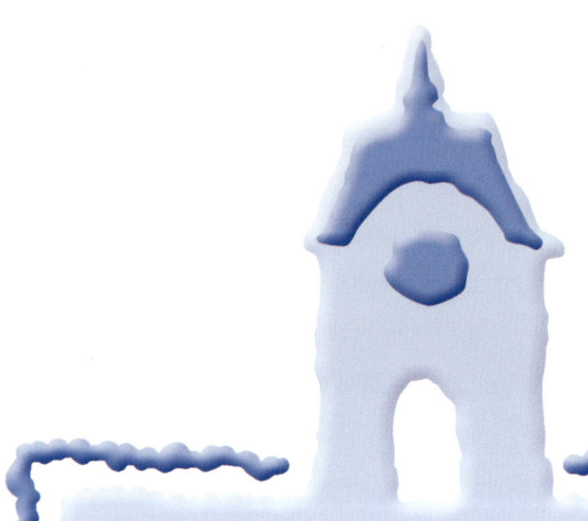

Tu peux retrouver le chien rouge,
le petit prince, l'ours blanc et les autres
au musée d'Orsay.

Le musée est ouvert tous les jours
sauf le lundi,
et pour toi, c'est gratuit.

Crédits photographiques :
Réunion des musées nationaux
Photographies de D. Arnaudet, G. Blot,
C. Jean, H. Lewandowsky, H. Lagiewski,
A. Morin, R. G. Ojeda.

1er dépôt légal : septembre 2001
Dépôt légal : janvier 2016
ISBN 978-2-7118-4289-6
JC 30 4289

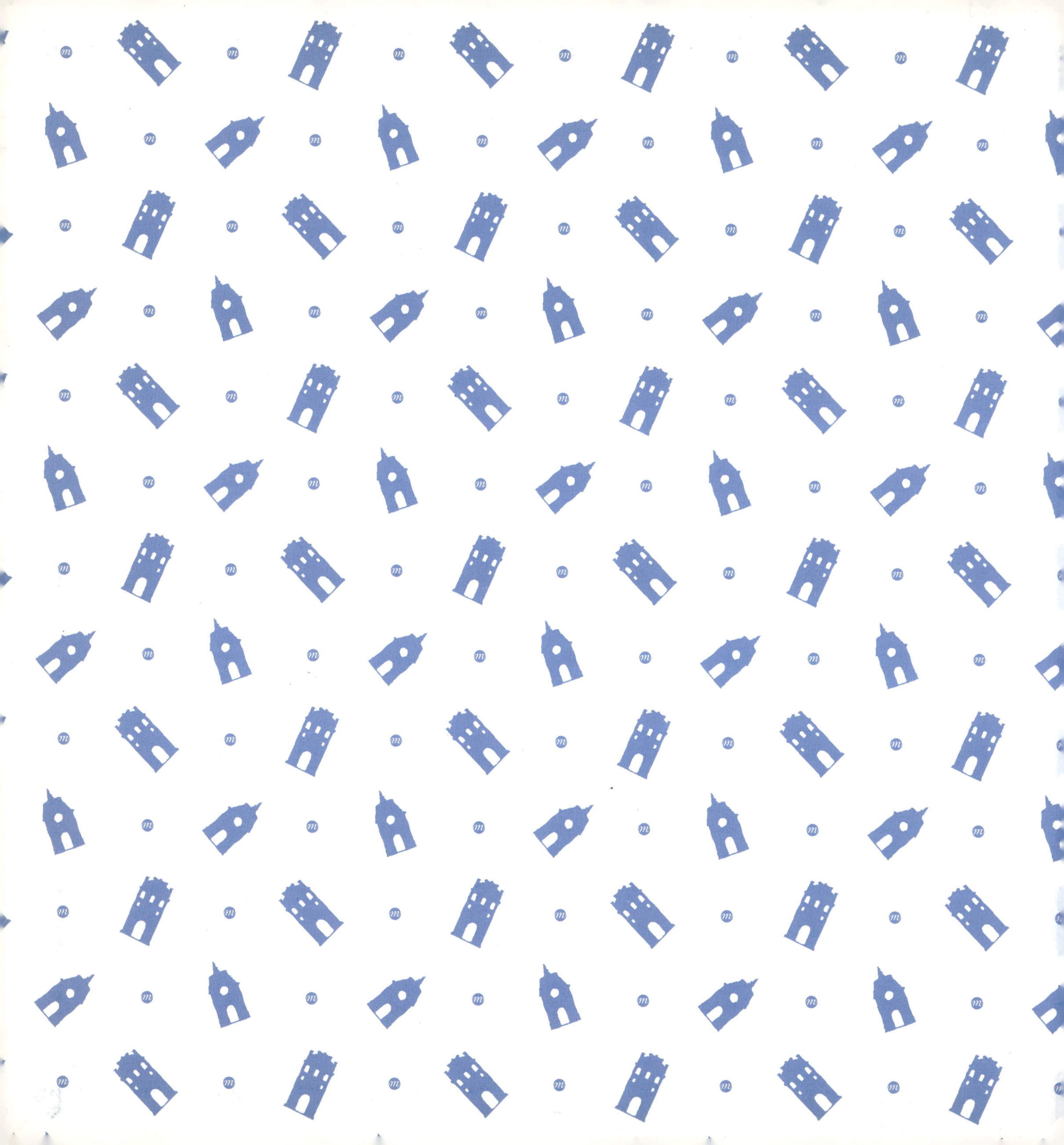